编委会（按姓氏笔画排列）

2021
中国生涯教育与家庭教育共成长
年度报告

主编/孙　诚　王彬宸

四川大学出版社
SICHUAN UNIVERSITY PRESS

图书在版编目（CIP）数据

2021 中国生涯教育与家庭教育共成长年度报告 / 孙诚，王彬宸主编. — 成都：四川大学出版社，2023.8

ISBN 978-7-5690-5925-0

Ⅰ. ① 2… Ⅱ. ① 孙… ② 王… Ⅲ. ① 职业选择—关系—家庭教育—研究报告—中国— 2021 Ⅳ. ① C913.2 ② G78

中国国家版本馆 CIP 数据核字 (2023) 第 015612 号

书　　名：2021 中国生涯教育与家庭教育共成长年度报告

2021 Zhongguo Shengya Jiaoyu yu Jiating Jiaoyu Gongchengzhang Niandu Baogao

主　　编：孙　诚　王彬宸

选题策划：余　芳
责任编辑：余　芳
责任校对：周　洁
装帧设计：墨创文化
责任印制：王　炜

出版发行：四川大学出版社有限责任公司
　　　　　地址：成都市一环路南一段 24 号（610065）
　　　　　电话：（028）85408311（发行部）、85400276（总编室）
　　　　　电子邮箱：scupress@vip.163.com
　　　　　网址：https://press.scu.edu.cn
印前制作：成都墨之创文化传播有限公司
印刷装订：四川盛图彩色印刷有限公司

成品尺寸：170 mm×240 mm
印　　张：14
字　　数：167 千字

版　　次：2023 年 8 月　第 1 版
印　　次：2023 年 8 月　第 1 次印刷
定　　价：72.50 元

本社图书如有印装质量问题，请联系发行部调换

扫码获取数字资源

四川大学出版社
微信公众号

　　北京家校共育教育科技研究院（以下简称"研究院"）成立于 2015 年，是非营利性学术研究机构。以为党育人、为国育才为己任，在我国全面开启建设社会主义现代化国家新征程的时代背景下，研究院立足家庭、学校、社会三位一体、协同共育的系统性科学理论研究，开展实践性探索与应用性推广，针对国家高精尖人才以及高素质技术技能人才的战略需求，在家校社协同育人领域取得原创性、突破性和关键性的重大理论成果与应用实践成果，为培养新时代背景下家校社协同育人领域的学术带头人和杰出人才，推动新时代中国特色社会主义建设事业贡献力量。

前言

　　《2021 中国生涯教育与家庭教育共成长年度报告》（以下简称《2021
年度报告》）是北京家校共育教育科技研究院组织编写的专业研究报告。
《2021 年度报告》作为我国生涯教育和家庭教育深度融合指向的专业报
告，主要讨论了我国生涯教育和家庭教育面临的多重背景、政策进展、现
有情况和未来形势，涉及生涯教育和家庭教育的概念界定、理论阐释、现
状呈现、局限梳理、成因分析、经验借鉴、策略建构和实践探索等内容。
作为一份以生涯教育和家庭教育为主题的专业研究报告，《2021 年度报
告》在尊重我国生涯教育和家庭教育发展状况和现有专家学者系统研究的
基础上，竭力寻求新的研究切入点，尝试以"理论研究与实践探索相结
合""国内发展探索和国际经验借鉴相融通""普遍性与特殊性相统一"
等方式，对近年来尤其是 2021 年度我国生涯教育和家庭教育发展情况加
以呈现和诠释，尽最大努力呈现一幅主线清晰、内容全面、专题具化、动
态演绎的中国生涯教育和家庭教育共成长图景。

　　总体来看，《2021 年度报告》具有以下特点：

　　第一，从学术思想来看，本报告以我国生涯教育和家庭教育的深度
融合为主线，从教育学、心理学、社会学等不同学科领域对生涯教育和家

庭教育共成长的内容意涵、逻辑架构、运作机制和实践路径等进行系统探究。

第二，从内容设置来看，本报告分为理论篇、实践篇和展望篇三个部分，共八章。章节的考量和设计基本遵循了"是什么""为什么"和"怎么办"的内在逻辑。很多章节探究的问题均是我国生涯教育和家庭教育甚至基础教育改革发展中的急难愁盼问题，并对现实问题进行了积极回应。

第三，从写作风格来看，本报告撰写团队坚持科学、规范、专业和务实等基本要求，在章节编排、话语表达、资料分析等方面进行了多轮集中研讨和论证。

第四，从团队阵容来看，本报告学术顾问、指导专家及编写组成员来自国家教育行政学院、中国教育科学研究院、北京师范大学、北京教育科学研究院等单位，他们在生涯规划和家庭教育领域具有较高学术影响力和社会知名度；团队成员学科背景、研究方向等较为丰富和多元，写作功底扎实，科学研究能力和协同攻关能力较为突出。

《2021年度报告》是集体智慧的结晶。在撰写过程中，我们广泛征求了写作意见，参考了大量研究文献，引用了许多政策文件和制度文本，分析借鉴了国内部分地方和院校、部分发达国家的典型做法，并尽可能地在报告中标注了相关内容来源或出处。在此，我们向提供这些资料及所有关心、支持和帮助报告撰写工作的单位和个人表示衷心的感谢和诚挚的敬意。

鉴于时间仓促和水平有限，书中难免存在纰漏和不足，敬请批评指正，以期报告能够在日后臻于完善。

目录

上 理论篇

第一章 概 论

第二章 生涯教育及其与家庭教育的关系

第三章 生涯教育与家庭教育的政策推进和理论基础

中　实践篇

> 第四章　我国生涯教育与家庭教育共成长概况审视

下　展望篇

第六章　新时期我国生涯教育与家庭教育共成长优化策略

▶ 第七章　新时期我国生涯教育与家庭教育新基点的科学架构

第八章　讨论与展望

主要参考文献

后记

上

理论篇

第一章 概 论

从素质教育的不断深入到核心素养理念的提出，从强调重视学生综合素质发展到加强学生生涯教育和家庭教育相关指导文件的发布，时代的步伐驱动着生涯教育和家庭教育的兴起和发展。"十四五"时期，是我国全面开启建设社会主义现代化国家新征程、向第二个百年奋斗目标进军的第一个五年。在全面建设社会主义现代化国家的时代背景下，国家需要什么样的人，如何培养下一代，是每位中国公民、每个中国家庭都应该高度关注并积极参与的事情。

一、研究背景和问题提出

（一）研究背景

1. 全球新一轮科技革命和工业变革的日益加剧对生涯教育和家庭教育提出新的更高要求

2021年既是加快推进教育现代化、建设教育强国和办好人民满意教育的关键之年，也是"十四五"规划正式起航的开局之年。"十四五"时期是全球新一轮科技革命从蓄势待发转向产业化竞争的关键期，同时也是我国新旧动能有序转化、产业变革蓬勃兴起的关键期。近年来，以大数据、人工智能、物联网和区块链等创新技术为引领的全球新一轮科技革命在生产、流通和生活等领域掀起变革浪潮，在彻底改变管理模式、经济秩序、产业结构及社会运行状态的同时，也不断推动人类社会全面进入数字生产力时代。生涯教育和家庭教育融合发展将有助于培养多样化人才，为全面迎接全球新一轮科技革命提供智力支持和人才支撑。全球新一轮科技革命和工业变革在为新时代生涯教育和家庭教育提供新机遇和赋予新内涵的同时，也提出了新的要求和挑战。

2. 国家发展新定位对生涯教育和家庭教育赋予更多期待

当今世界正经历百年未有之大变局，新一轮科技革命和产业变革深入发展，国际力量对比深刻调整，和平与发展仍然是时代主题，人类命运共同体理念深入人心，同时国际环境日趋复杂，不稳定性、不确定性明显增加。[1]我国已进入高质量发展的新阶段，国内外环境正在发生深刻变化，国际竞争日趋激烈，新机遇与新挑战并存。面对新形势、新挑战，党中央提出在加快推动高质量发展的同时，要加快构建以国内大循环为主体、国内国际双循环相互促进的新发展格局。这既是我国经济中长期发展的战略方向，也是我国应对未来诸多不确定因素、保持发展定力的重大部署。生涯教育和家庭教育作为与培养多样化人才、增进就业创业等联系非常直接、非常密切的教育途径和育人方式，将在人力资源开发和人力资本积累的层面为我国经济社会持续高质量发展提供更加有力的人口质量红利支撑。因此，党和国家对新时期的生涯教育和家庭教育寄予了更多深层次期待。

---

[1]　本书编写组.《中共中央关于制定国民经济和社会发展第十四个五年规划和二〇三五年远景目标的建议》辅导读本［M］.北京：人民出版社，2020：5-6.

3. 党和国家把家庭教育提升到法律层面

2021 年 10 月，第十三届全国人民代表大会常务委员会第三十一次会议表决通过了《中华人民共和国家庭教育促进法》，并于 2022 年 1 月 1 日起施行。党和国家把家庭教育提升到法律层面，将进一步促进家庭教育的规范化、专业化、法制化和常态化。该法将家庭教育界定为"父母或者其他监护人为促进未成年人全面健康成长，对其实施的道德品质、身体素质、生活技能、文化修养、行为习惯等方面的培育、引导和影响"[1]。同时，该法还明确提出："家庭教育指导机构对辖区内社区家长学校、学校家长学校及其他家庭教育指导服务站点进行指导，同时开展家庭教育研究、服务人员队伍建设和培训、公共服务产品研发。"[2] 由此看来，无论是从教育的类型方式、层次阶段、组成元素来看，还是从党和国家对家庭教育的整体规划和布局来看，生涯教育和家庭教育都是完善育人方式、培养高素质创新型多样化人才和提升育人质量的主要手段和基本措施，也是建设人才强国和办好人民满意的教育的内在要求和应有之义。

4. 国家政策强力驱动生涯教育和家庭教育更深更专更优发展

在某种意义上，我们可以将教育政策界定为"国家政府教育部门为实现一定的目的，对教育政策执行者的政策执行行为进行指导、规范的谋略

---

[1] 第十三届全国人民代表大会常务委员会.中华人民共和国家庭教育促进法 [Z].2021-10-23.

[2] 第十三届全国人民代表大会常务委员会.中华人民共和国家庭教育促进法 [Z].2021-10-23.

行为"[1]，具有导向、协调和控制等重要功能[2]，并呈现出政治性、目的性、指导性、规范性和相对稳定性等鲜明特征[3]。21世纪以来尤其是党的十八大以来，党和国家高度关注生涯教育和家庭教育问题，在很多政策文件中对家庭教育提出了明确而又具体的要求。2002年8月，教育部印发的《中小学心理健康教育指导纲要》提出："重点是学会学习、人际交往、升学择业以及生活和社会适应等方面的常识。""在了解自己的能力、特长、兴趣和社会就业条件的基础上，确立自己的职业志向，进行职业的选择和准备。"[4]该文件明确将生涯教育作为心理健康教育的重要内容之一。2010年7月，中共中央、国务院印发的《国家中长期教育改革和发展规划纲要（2010—2020年）》明确指出："建立学生发展指导制度，加强对学生的理想、心理、学业等多方面指导。"[5]2014年9月，《国务院关于深化考试招生制度改革的实施意见》[6]的发布，意味着新高考改革的启动，自此，全国的生涯教育呈现跨越式发展。随后，上海、北京、江苏、山东等省份陆续发布有关生涯教育的指导性文件。2019年6月，

---

[1] 杨聚鹏.教育政策执行的内涵、本质及特点研究[J].教育理论与实践，2016（28）：17.

[2] 张新平.简论教育政策的本质、特点及功能[J].江西教育科研，1999(1)：39.

[3] 郑新立.现代政策研究全书[M].北京：中国经济出版社，1991：508-509.

[4] 教育部.教育部关于印发《中小学心理健康教育指导纲要》的通知[Z].2002-08-05.

[5] 中共中央，国务院.国家中长期教育改革和发展规划纲要（2010—2020年）[Z].2010-07-29.

[6] 国务院.国务院关于深化考试招生制度改革的实施意见[Z].2014-09-03.

《中共中央 国务院关于深化教育教学改革全面提高义务教育质量的意见》提出"坚持立德树人，着力培养担当民族复兴大任的时代新人""坚持'五育'并举，全面发展素质教育"[1]。随着时代的发展，素质教育已经成为教育工作的重点任务目标，德智体美劳全面发展成为社会主义新阶段新人才的能力标签。2020年8月，全国妇联、教育部《关于印发〈家长家庭教育基本行为规范〉的通知》也明确指出："树立正确的家庭教育理念，掌握科学的家庭教育方法，不断提升家庭教育水平，为促进儿童健康成长，培养担当民族复兴大任的时代新人贡献力量。"[2]

由此可见，生涯教育和家庭教育在孩子成长和发展中的地位至关重要。这些政策在为生涯教育和家庭教育提供政治赋权和制度保障的同时，也为其实现更深层次、更加专业、更高质量的发展指明了方向，提供了路径。"政策文件的发布是教育发展的风向标，生涯教育和家庭教育已然兴起，并将持续推进。"[3]

5. 培养时代新人需要生涯教育和家庭教育提供有力支撑

"培养什么人""怎样培养人"和"为谁培养人"是教育改革发展必须回答的根本性问题。在落实立德树人根本任务、发展核心素养理念的背景下，以培育职业素养为导向的生涯教育和家庭教育，其目标与时代发展

---

[1] 中共中央，国务院. 中共中央 国务院关于深化教育教学改革全面提高义务教育质量的意见 [Z]. 2019-06-23.

[2] 全国妇联，教育部. 全国妇联、教育部关于印发《家长家庭教育基本行为规范》的通知 [Z]. 2020-08-24.

[3] 张琳琳. 初中生涯教育课程设计的研究与实践 [D]. 南京：南京师范大学，2021：2.

目标具有高度的一致性。由此看来，以培育职业素养为导向的生涯教育和家庭教育必将从无到有、从小到大，并逐步向深层次迈进。

2018年9月，教育部等六部门发布的《关于实施基础学科拔尖学生培养计划2.0的意见》明确要求："教育引导学生坚持以马克思主义为指导，扎根中国大地了解国情民情，践行社会主义核心价值观，传承弘扬中华优秀传统文化，培养有理想、有本领、有担当的时代新人。加强素质教育，培养学生的家国情怀、人文情怀、世界胸怀，促进学生中西融汇、古今贯通、文理渗透，汲取人类文明精华，形成整体的知识观和智慧的生活观。强化实践能力和创新创业能力，培育科学道德、批判精神和创新精神，提升沟通表达能力和团队协作精神，造就敢闯会创、敢为天下先的青年英才。"[1] 2019年6月，《中共中央 国务院关于深化教育教学改革全面提高义务教育质量的意见》明确提出："坚持立德树人，着力培养担当民族复兴大任的时代新人""坚持'五育'并举，全面发展素质教育""落实立德树人根本任务""发展素质教育""遵循教育规律""围绕凝聚人心、完善人格、开发人力、培育人才、造福人民的工作目标"，深化育人关键环节和重点领域改革，坚决扭转片面应试教育倾向，切实提高育人水平，为学生适应社会生活、接受高等教育和未来职业发展打好基础，努力"培养德智体美劳全面发展的社会主义建设者和接班人"。[2] 该文件中关于素质教育能力培养的内容列出了以下几方面：突出德育实效、提升智

[1] 教育部，科技部，财政部，中国科学院，中国社会科学院，中国科协.关于实施基础学科拔尖学生培养计划2.0的意见[Z].2018-09-17.

[2] 中共中央，国务院.中共中央 国务院关于深化教育教学改革全面提高义务教育质量的意见[Z].2019-06-23.

育水平、强化体育锻炼、增强美育熏陶、加强劳动教育。2021 年 6 月，国务院印发的《全民科学素质行动规划纲要（2021—2035 年）》提出，在"十四五"时期实施青少年科学素质提升行动，"激发青少年好奇心和想象力，增强科学兴趣、创新意识和创新能力，培育一大批具备科学家潜质的青少年群体，为加快建设科技强国夯实人才基础"[1]。2021 年 10 月，中共中央办公厅、国务院办公厅印发的《关于推动现代职业教育高质量发展的意见》着重提出："加强各学段普通教育与职业教育渗透融通，在普通中小学实施职业启蒙教育，培养掌握技能的兴趣爱好和职业生涯规划的意识能力。"[2]

在着力培养德智体美劳全面发展、担当民族复兴大任的时代新人的进程中，我们需要有针对性地在中小学开展职业启蒙教育。在基础教育阶段对中小学生进行有目的、有组织、有计划的职业素质教育，帮助学生在初步了解、认识社会职业的基础上建立学业与未来职业的联系，这对学生未来的生存与发展具有重要意义。在此背景下，生涯教育和家庭教育迎来重大发展机遇期。

6."学校—家庭—社会"协同育人已成为新时期教育的常态主题

教育是国之大计、党之大计。教育不仅仅是学校的事情，更是关系到孩子终身发展、关系到千家万户切身利益、关系到国家和民族未来的伟大事业。教育作为一项复杂、系统、开放的综合性实践活动，需要学校、家

---

［1］ 国务院.国务院关于印发全民科学素质行动规划纲要（2021—2035 年）的通知［Z］.2021-06-03.

［2］ 中共中央办公厅，国务院办公厅.中共中央办公厅　国务院办公厅印发《关于推动现代职业教育高质量发展的意见》［Z］.2021-10-12.

庭和社会等多主体协同。同时，协同育人还要遵循教育规律和学生成长规律，做到遵循规律、尊重实际和成就差异。

2018年9月，习近平总书记在全国教育大会上强调："家庭是人生的第一所学校，家长是孩子的第一任老师，要给孩子讲好'人生第一课'，帮助扣好人生第一粒扣子。"[1]该论述指明了家庭教育工作承担着重要的责任和使命。2021年4月，《教育部办公厅关于加强义务教育学校作业管理的通知》指出："学校要根据学段、学科特点及学生实际需要和完成能力，合理布置书面作业、科学探究、体育锻炼、艺术欣赏、社会与劳动实践等不同类型作业。"[2]2021年7月，中共中央办公厅、国务院办公厅印发的《关于进一步减轻义务教育阶段学生作业负担和校外培训负担的意见》也明确要求"学校要充分利用资源优势，有效实施各种课后育人活动，在校内满足学生多样化学习需求……为学有余力的学生拓展学习空间，开展丰富多彩的科普、文体、艺术、劳动、阅读、兴趣小组及社团活动"[3]。

可见，广泛开展各类学习实践活动是遵循教育规律、坚持因材施教、全面推进素质教育、落实立德树人根本任务的一项重要举措。然而，在素质教育的实践过程中，区域、城乡之间的教育发展还存在明显差距，教育主体与教育资源方面仍然存在不平衡等问题。因此，从校内校外、课内课

---

[1] 王永祥，马忠．新时代家庭教育要赢在起点上［EB/OL］．（2019-01-14）. https：//theory.gmw.cn/2019-01/14/content_32345596.htm.

[2] 教育部办公厅．教育部办公厅关于加强义务教育学校作业管理的通知［Z］. 2021-04-08.

[3] 中共中央办公厅，国务院办公厅．关于进一步减轻义务教育阶段学生作业负担和校外培训负担的意见［Z］．2021-07-24.

外、线上线下等多个维度聚焦立德树人根本任务,以学校为主体,融通区域职普教育资源,衔接起社会、家庭的资源与力量,共同参与素质教育实践,形成职普融通、家校社协同育人的联动合力,才是解决问题的有效切入点。

7. 以培育职业素养为导向的生涯教育和家庭教育成为解决学生发展诉求的重要方式和手段

以培育职业素养为导向的生涯教育和家庭教育,能够科学、高效、系统地传递给学生生涯理念和知识,提升学生职业素养和职业选择能力,帮助和指导学生选择合适的专业和职业,促进学生全面发展和终身发展。在心理层面,按照舒伯的生涯发展理论,"人的生涯发展分为成长期、探索期、建立期、维持期和衰退期五个阶段"[1]。开展以培育职业素养为导向的生涯教育和家庭教育,能够帮助学生了解自己、认识环境、明晰目标、做好规划。在现实层面,不同学段的学生将在不同时段、节点面临人生的重大选择,如初中毕业生选择就读普通高中还是中职教育、普通高中的学科组合,高三学生高考志愿填报等。这些问题都需要学生科学认知,提早预见,妥善应对。

开展生涯教育和家庭教育共成长相关研究有助于切实推动生涯教育在各学段的落实。我国的生涯教育最早在高等教育阶段施行,近年来随着时代发展呈现出阶段下移的趋势。目前来看,尽管诸多专家学者、教育工作者和家长都已经深刻认识到开展生涯教育和家庭教育的重要意义,但对要开展什么样的生涯教育和家庭教育、如何开展生涯教育和家庭教育等问题

---

[1] 任长松. 课程的反思与重建 [M]. 北京:北京大学出版社,2002:7.

仍存在疑问和意见分歧。究其根源，是未形成权威、专业、系统、前瞻、可行的生涯教育和家庭教育深度融合的育人体系，缺少统一、规范的生涯教育和家庭教育深度融合的行动方案。因此，系统探究生涯教育和家庭教育共成长问题已然成为当前和今后我国基础教育阶段改革发展的必然要求和基本议题。

总之，面对复杂的背景，开展生涯教育和家庭教育共成长相关研究既是全面落实党和国家关于教育（特别是生涯教育和家庭教育）决策部署的具体行动，也是促进学生德智体美劳全面发展，培养担当民族复兴大任的时代新人的现实举措，是促进教育高质量发展、办好人民满意的教育的重要途径。在新时代，加强生涯教育和家庭教育显得尤为关键和迫切。

（二）问题提出

研究应基于解决问题的需要，开展生涯教育和家庭教育共成长研究自然也是如此。从生涯教育和家庭教育相关研究现状来看，诸多理论研究和实践探索均将二者进行人为的区隔。这既不符合新时期党和国家对培养多样化人才目标的基本定位，也不利于在实践层面上有效培养出更高质量、更多数量的多样化人才。因此，深度探究生涯教育和家庭教育共成长问题，从更高站位、更宽视域、更新理念出发对生涯教育和家庭教育进行有机整合和深度融合，将成为当前及未来相当长一段时间内基础教育改革发展的核心议题。

在新时代，尤其是"十四五"时期，生涯教育和家庭教育共成长的发展形势如何？促进生涯教育和家庭教育共成长的支持机制有哪些？国际生涯教育和家庭教育共成长有何典型做法及经验启示？生涯教育和家庭教育共成长的优化策略有哪些？这些问题都是探究生涯教育和家庭教育共成长必须要面对并解决的。这些问题也正是本报告将竭力解决的问题。

二、研究目的和意义

（一）研究目的

基于研究问题，本报告的主要目的如下：

一是在认真研读相关文献的基础上，科学呈现生涯教育和家庭教育共成长的学理基础；

二是借助研究资料分析和依托有关项目，客观呈现生涯教育和家庭教育共成长的发展现状，并对存在的问题及成因进行阐释；

三是系统总结部分发达国家开展生涯教育和家庭教育相关工作的典型做法或经验模式，系统梳理出对我国开展相关工作的经验启示；

四是结合最新政策文件精神，基于研究结果，深度剖析生涯教育与家庭教育新基点。

（二）研究意义

1. 理论意义

本报告具有以下两个方面的理论意义：第一，有利于进一步丰富和发展生涯教育、家庭教育等相关理论。生涯教育和家庭教育共成长作为本研究的核心观点和理论基点，架构起整个研究的思路和框架。对本报告而言，生涯教育和家庭教育共成长不仅是核心概念，还是逻辑起点。首先，本报告从"生涯教育和家庭教育相对分隔"转向"生涯教育和家庭教育共成长"，实现了生涯教育和家庭教育存在样态和关联程度的质性转变。可见，"生涯教育和家庭教育共成长"概念的提出，意味着对以往生涯教育和家庭教育的重新解读和意涵重构。其次，本报告聚焦"共成长"，视生涯教育和家庭教育为有机统一、深度融合、互为支撑的关系，这是极具创新的一个视角和切点。这对丰富和发展生涯教育和家庭教育相关理论无疑是具有重要意义的。最后，本报告的核心概念是"生涯教育和家庭教育共成长"，这是一个新凝练出的组合词汇，现有实证研究较少（在中国知网、Web of Science 等数据库中检索，相关结果并不丰富）。因此，本报告不仅能丰富生涯教育、家庭教育等相关理论的内容，还能进一步对相关教育思想或理论进行延展和验证。

第二，有利于创新和拓宽生涯教育、家庭教育等相关研究的视角和思路。目前以生涯教育和家庭教育为单一研究主题的文献资料较多，但都比较分散和独立，交叉重叠现象较严重，并且在理论生成和策略建构方面存在着较大的重复性和空洞性，过于"老套"和"宏大"，借鉴意义和参考价值不高。而本报告通过对生涯教育和家庭教育共成长意涵的阐释，为学生学习和成长提供更加科学、专业、精准的指导，帮助学生快乐学习、幸福成长。所以，无论是研究问题的聚焦，还是研究视角的选取，甚至是研究理路的架构方面，本报告都是对现有研究的大胆创新和积极突破。

2. 实践意义

任何研究都是为了解决问题，研究的成果需要用来指导和服务实践。

本报告具有以下几个重要的实践意义：

一是有助于加快构建以生涯教育为主线的职普融通类课程体系。职普融通类课程体系的开发应该与所在区域经济发展和人才需求相适应。该课程体系的建构和实施不仅有利于为学生提供生动的学习资源和真实的学习环境，更有利于学生深入了解职业内容，培养学生设计与规划自身职业发展道路的能力。同时，职普融通类课程体系还应充分利用职业教育资源，借助区域内职业教育力量，开发职业生涯教育课程，这样不仅可以解决普通教育领域缺乏职业生涯教育师资和课程资源的困难，还可以充分发挥区域内职业教育的资源优势，实现职业教育与普通教育的有机融通，提升职业教育的功能发挥，促进职普融通、素质教育的推进。

二是能够为生涯教育课程实施和学生学业发展指导提供路径参考。随着社会发展及相关政策的推动，生涯教育越来越受到人们的关注与认可。本报告基于相关理论，探究生涯教育和家庭教育共成长，旨在概括提取有益经验，分析各学段生涯发展现实状况，设计生涯教育行动方案，并实地开展生涯教育，归纳实施策略，力图为各学段生涯教育的实施提供模板和参考依据，从而切实推动生涯教育的有效落实。

三是有助于积极探索与实践家校社三位一体协同共育模式。在一个人成长的过程中，家庭、社会、学校都要承担起不同的职责，通过不同的分工达成密切的合作，形成更大的合力。纵观历史，蒸汽机的出现和电气化让社会的生产变得流程化、标准化、批量化。然而，计算机以及互联网的出现，让社会进入了智能化、大数据时代，新技术的发展已然渗透人类的生产、工作、生活、学习等方方面面。面对新时代，教育应该聚焦于培养适应未来职业的未来人才。重学科、轻素养的教育方式难以培养孩子的个性化思维能力、社会适应能力和创新创意能力。因此，现代社会更需要家庭、学校、社会三方协同，共同担负起下一代的培育责任。然而，家校社的合作共育，如何形成合力，如何有效合作，如何树立起分工意识，如何担当起共同的责任……需要多方的探索与实践。综上所述，本报告的编写充分考量学校、家庭和社会三者间的关系，汇集各方力量，凝聚多方智慧，形成最大合力，努力为多元协同育人提供有力的智力和技术支持。

四是有助于科学指导家长摆脱教育焦虑，走出家庭教育的误区。在孩子成长过程中，中国父母容易受到焦虑情绪的困扰，而教育问题已成为家长焦虑的首要问题。家长希望尽可能多地在教育方面给予孩子支持，希望孩子能有一个美好的前途，而在这一过程中，许多家长的内心充满焦虑。对孩子生涯规划而言，当前许多家长认为，学生的第一要务是备战高考，高考决定人生；有些家长甚至错误地把高考升学规划当作生涯规划、学业规划甚至职业规划。父母需要意识到对孩子"因材施教"的必要性，需要提高生涯规划意识。本报告编写团队汇集了教育领域里的政策制定专家、一线教育工作者、家庭教育的指导者与研究者、拥有丰富教育经验的家长，旨在以科学的理念、正确的观点、真实的案例、专业的经验，给予读者专业的指导，帮助家长顺利走过政策过渡阶段的迷茫期，树立起科学、理性、专业的家庭教育理念。

五是有助于指导和帮助家长更好地担负起家庭教育的责任。父母是孩子的第一任老师。在上幼儿园、小学之前，孩子是在家庭中接受教育的，此时家庭就是孩子的第一所学校，父母就是孩子的第一任老师。家长在孩子还是一块"璞玉"时便陪伴在其身边，更容易发现孩子的独特性、发掘孩子的潜能。此外，家庭环境还是因材施教的个性化实践课堂。孩子很多初次的探索和尝试都发生在家庭中，发生在与父母的互动和交流中。家长的一举一动，孩子都会有意识地或在潜意识中进行模仿。因此，在家庭环境中，父母多一些微笑的鼓励、温和的沟通，少一些严厉的批评和苛刻的要求，让孩子有动力学习好的行为与习惯，孩子才能在将来更好地适应学校和社会环境。本报告用专业的知识、创新的方法为家长提供指导和帮助，让大家能够更好地担当起家庭教育的重任。

三、概念阐释和界定

（一）家庭教育相关概念阐释与界定

1. 家庭教育

按照传统的说法，家庭教育是指在家庭生活中，由家长有意识地通过自己的言传身教和家庭生活实践对子女施以一定教育影响的社会活动，它是终身性、示范性的教育，这是狭义的家庭教育。广义的家庭教育是指家庭成员之间相互的影响和教育。[1]家庭教育是教育的组成部分之一，是学校教育与社会教育的基础。

2. 家长教育

家长教育是指对家长实施的，有关家庭生活、教育孩子成长、加强自

---

[1] 赵忠心. 家庭教育学：教育子女的科学与艺术 [M]. 北京：人民教育出版社，2001：5.

身修养的，涉及专业知识与有效技能的教育。它是揭示家长提高家庭生活质量和子女教育质量的一般规律的新兴学科。这里的"家长"既包括孩子的父母，也包括孩子的祖父母、外祖父母和其他监护人（如保姆），还包括"准父母"（即将为人父母者）。

（二）生涯规划相关概念阐释和界定

1. 生涯

生涯是我们每个人有限生命的整个人生旅程。实际上，"生涯"一词的定义随着时代的不同而有所改变，且每个人的看法稍有不同。总的来说，可以概括为广义和狭义两种。狭义的"生涯"指的是一个人终其一生所从事的工作或与职业有关的过程。广义的"生涯"指的是人一生整体的发展，不仅包括个人的事业，还包括个人的整体生活形态。国内外学者对生涯的讨论比较有代表性的观点如下：霍尔认为"生涯是指一个人的一生，伴随着与工作或职业有关的经验和活动方面的态度与行为"[1]；霍德和班那兹对生涯的定义为"生涯包括个人对工作世界职业的选择与发展、对非职业性或休闲活动的选择与追求，以及在社交活动中参与的满足感"[2]；此外，美国国家生涯发展协会认为"生涯是个人通过从事工作所创造出的一个有目的的、延续一定时间的生活模式"[3]。结合前人观点，

---

[1] 肖婀娜. 对高校教师职业生涯开发与管理的再思考［J］. 新校园（上旬刊），2010（8）：206-207.

[2] 孙淑敏. 小学生生涯发展理论研究与教育实践的新进展［D］. 吉林：东北师范大学，2013：1-65.

[3] 刘宣文. 论学校发展性心理辅导［J］. 教育研究，2004（7）：55-59.

我们可以从以下三个方面理解生涯：一是生涯教育与职业有关，但不限于职业；二是生涯教育是终身发展的，具有连续性；三是生涯教育关涉人一生中扮演的所有角色的历程。

目前，大多数学者接受的"生涯"定义由生涯理论专家舒伯提出。他认为，生涯是生活中各种事件的演进方向和历程，统合了人一生中各种职业和生活角色，是个人终其一生所扮演的角色的整个过程[1]。因此，我们可以将"生涯"界定为"个人从事某种活动或所经历的一系列角色与职业的总称，即个人终身成长与发展的历程"。

2. 生涯规划

个体生涯规划是指个人根据对自身的主观因素和客观环境的分析，确立自己的发展目标，选择实现这一目标的职业，以及制订相应的工作、培训和教育计划，并按照一定的时间安排，采取必要的行动实现职业生涯目标的过程。生涯规划是一个持续终身的过程，是根据人生不同阶段的目标做出预先的策划和设计。

3. 生涯教育

生涯教育是可持续的、贯穿个体一生的教育活动。李金碧将生涯教育的定义归纳如下：生涯教育是指学校的一切课程与教育活动，其目的是实现学生的终身发展，是帮助学生进行生涯设计、确定生涯目标、选择职业生涯角色、寻求最佳生涯发展途径的专门性课程与活动。[2] 由此可见，生

---

[1]　金树人. 生涯咨询与辅导 [M]. 北京：高等教育出版社，2007：2.

[2]　李金碧. 生涯教育：基础教育不可或缺的领域 [J]. 教育理论与实践，2005（4）：15-18.

涯教育广泛地渗透教育环境，而学校开设的学科是开展生涯教育的重要平台和载体。此观点是从宏观的视角看待生涯教育，其概念涵盖范围宽泛。张翠等人则认为生涯教育的概念有广义与狭义之分：广义的生涯教育指个体一生全部的教育内容和教育经历的总和；狭义的生涯教育是指在生涯相关理论的基础之上，根据教育规律，有目的、有计划、有组织地引导个体正确认识自我与职业环境，提高个体生涯规划意识与技能，提升个体职业素养，以促进个体生涯教育内化及生涯可持续发展为最终目的的综合性教育活动[1]。《上海市教育委员会关于加强中小学生涯教育的指导意见》提出，生涯教育是"运用系统方法，指导学生增强对自我和人生发展的认识与理解，促进学生在成长过程中学会选择、主动适应变化和开展生涯规划的发展性教育活动"[2]。生涯教育的意义就在于帮助学生建立生涯规划意识，让学生认识自我，思考学习与未来专业职业发展的关联性，找到人生的方向。

（三）职业体验相关概念阐释和界定

1. 职业生涯规划

职业生涯规划，是指个人结合自身情况以及眼前的机遇和制约因素，为自己确立职业目标，选择职业道路，确定教育、培训和发展计划等，并为自己实现职业生涯目标而确定行动方向、行动时间和行动方案。按照规

---

[1] 张翠，陈遇春．试析职业生涯教育的核心观及相关概念［J］．继续教育研究，2012（10）：106-108.

[2] 上海市教育委员会．上海市教育委员会关于加强中小学生涯教育的指导意见［EB/OL］．（2018-04-28）．https://tpd.xhedu.sh.cn/cms/app/info/doc/index.php/90895.

划的时间维度，职业生涯规划可以划分为短期规划、中期规划、长期规划和人生规划4种类型：①短期规划。短期规划即2年以内的规划，主要是确定近期目标，规划近期应完成的任务。②中期规划。中期规划一般涉及2～5年的职业目标和任务，是最常用的一种职业生涯规划。③长期规划。长期规划即5～10年的规划，主要是设定较长远的目标，以及为实现此目标应采取的具体措施。④人生规划。人生规划是整个职业生涯的规划，设定整个人生的发展目标和阶梯。

本报告将职业生涯规划重点放在短期规划与中期规划上，这样既便于根据实际情况设定可行目标，又便于随时根据现实的反馈进行修正或调整。

2. 职业生涯教育

职业生涯教育是由职业指导发展而来，伴随时代的发展和相关职业教育理论的不断完善，逐步取代职业指导，登上了历史舞台。目前国内还没有关于职业生涯教育的权威定义，综合国内外职业生涯教育理论与实践，可将其定义为：职业生涯教育是一项有计划、有目的、有组织地培养学生认识职业世界、了解职业要求、规划自己未来职业发展，促进学生职业生涯发展的综合实践活动，是以引导个体进行职业生涯规划为主线的综合性教育活动。概括而言，职业生涯教育具有以下三个特征：

第一，职业生涯教育是一项有组织、有计划、有目的的主题性教育活动。在义务教育阶段实施职业生涯教育需要根据不同年龄段的学生特点，制订符合孩子发展特点的职业生涯教育计划与方案，需要有专门的职业规划指导机构，配合相应的教育设施、专业的职业指导工作者以及专门的教育活动基地。

第二，职业生涯教育是一项具有持续性、阶段性、系统性、生成性的教育活动。职业生涯教育是贯穿人的一生的职业教育，在受教育者的不同年龄阶段，职业生涯教育将会呈现不同的教育内容。职业生涯教育将随受教育者年龄及社会需要的不断变化调整教学内容，帮助学生明确职业意向，培养学生进行职业规划的能力。

第三，职业生涯教育是一项综合性教育实践活动。职业生涯教育内容包含对职业世界的认知、职业群的选择、职业意向的确定、职业规划能力的培养等。职业生涯教育的实施方式主要有课堂教学、学科渗透、主题班会、参观访问等。从职业生涯教育的内容和开展方式可以看出，职业生涯教育是一项以职业体验为主题的综合实践活动。[1]

3. 职业体验

从对职业生涯教育内涵的界定可以看出，职业体验是职业生涯教育内容的一个组成部分，是以体验为途径与方式，通过实践来认识职业、了解职业，实现对学生的职业启蒙教育的一种方式，是由教师根据职业特点设计职业体验情景与职业体验任务，帮助学生通过亲身体验了解所体验职业的社会需求、职业需求、职业环境和基本情况，树立科学的职业价值观，为今后的职业发展奠定基础的综合实践活动。[2]

---

[1] 北京市东城区教育科学研究院. 东城区职普融通课程建设研究报告——东城区义务教育阶段职业体验课程开发的研究与实践［R］. 2017.

[2] 北京市东城区教育科学研究院. 东城区职普融通课程建设研究报告——东城区义务教育阶段职业体验课程开发的研究与实践［R］. 2017.

4.职业体验课程

职业体验课程是根据职业生涯发展理论与《中小学综合实践活动课程指导纲要》精神，面向中小学生开设的以职业活动为课程内容，以体验式学习为教学手段的综合实践活动课，其目标是密切学生与职业的联系，促进学生了解职业本身及其社会价值与功能，扩展学生的自我认知，启蒙学生的职业理想，培养学生的正确职业价值观及初步规划生涯发展方向的能力。[1]

（四）个体生涯年龄阶段的阐释和界定

1.发展心理学的年龄阶段划分

儿童发展心理学（Psychology of Child Development）是心理学的一个分支学科。它研究人类个体在儿童期的心理发展，揭示儿童心理发展的一般规律和儿童各年龄阶段的心理特征。下面列出了三个具有代表性的心理学流派观点。

（1）精神分析学派：心理性欲阶段理论

精神分析学派的代表弗洛伊德认为，儿童的早期发展可以分为口唇期、肛门期、早期生殖器期、潜伏期和生殖期。其中，心理发展过程以"俄狄浦斯情结"的出现为标志被划分为三大阶段：前俄狄浦斯阶段、俄狄浦斯阶段和后俄狄浦斯阶段。

---

[1]　北京市东城区教育科学研究院.东城区职普融通课程建设研究报告——东城区义务教育阶段职业体验课程开发的研究与实践［R］.2017.

（2）日内瓦学派：儿童认知发展阶段理论

日内瓦学派的创始人皮亚杰把认知发展视为认知结构的发展过程。他以发生认识论为基础，根据发展阶段特征把儿童心理发展划分为四个阶段：感知运算阶段（0～2岁）、前运算阶段（2～7岁）、具体运算阶段（7～11岁）和形式运算阶段（11～15岁）。在此心理发展过程中，个体要经历三种不同水平的自我中心状态及其脱离（去中心化）的过程：婴儿期（0～2岁）、儿童期（3～12岁）和青年期（12岁以上）。

（3）新精神分析学派：人格发展八阶段理论

弗洛伊德与皮亚杰在心理发展的结构及过程上都具有建构倾向，强调心理发展的动态性，但弗洛伊德强调本我与自我之间的紧张与获得平衡，而皮亚杰认为心理发展的本质是适应，适应的本质又在于取得机体与环境的平衡（equilibrium），即同化与顺应之间的平衡。[1]作为新精神分析学派代表，埃里克森的人格发展八阶段理论（见图1-1）也进入了本研究的考察视野。

图1-1 埃里克森的人格发展八阶段理论

［1］ 宋广文，王云强.关于弗洛伊德与皮亚杰心理发展观的比较分析［J］.心理学探新，2001（4）：7-11.

埃里克森认为，人的自我意识发展持续一生。他把自我意识的形成和发展过程划分为八个阶段，这八个阶段的顺序由遗传决定，每一阶段能否顺利度过由环境决定。

2.本研究体系的年龄阶段划分

借鉴上述理论研究的成果，参考对具有丰富一线教学经验的特级教师进行的访谈，同时结合中国教育教学实践的经验，本报告把个体发展划分为以下八个阶段：0岁之前为妊娠期、0～3岁为幼儿期、3～6岁为儿童前期、6～10岁为儿童后期、10～12岁为青春期前期、12～15岁为青春期中期、15～18岁为青春期后期、18岁以后为成年期（见表1-1）。

表1-1　个体发展的八个阶段

年龄	阶段
0岁之前	0岁之前为妊娠期。 • 此阶段，孩子被孕育在准妈妈的子宫内。家庭成员需要对准妈妈的生理变化（如血压在妊娠末期会略有上升，可能出现生理性贫血等）和心理变化（如产中焦虑、恐惧、抑郁等）有充分的了解，帮助准妈妈顺利渡过妊娠期。 • 家庭成员需要做好对准妈妈的饮食护理、口腔护理、运动指导和体重、血压、血糖监控。[1]
0～3岁	0～3岁为幼儿期，此年龄段完全依赖家庭教育。 • 此阶段，需要注意家庭教育的八个关键方面：①确保孩子营养充足，身体健康发育；②与孩子建立安全依恋；③做温暖稳定的教养者；④创建良好的语言环境；⑤创造丰富积极的学习环境；

［1］　王珺燕，姚金兰，林梅.妊娠期妇女产前家庭护理指导［J］.科技资讯，2016（21）：122-124.

年龄	阶段
0～3岁	⑥避免早期的忽视和虐待；⑦增加孩子的社会性接触；⑧早期发展问题的发现和干预。[1] • 0～3岁婴幼儿会经历大脑发育高峰。在出生的第一年里，婴幼儿大脑的重量增长速度最快，6个月时大脑的重量可达出生时的两倍，占成人大脑重量的50%。同时，0～3岁也是婴幼儿语言、动作、习惯、心理等方面发展的重要时期。[2] • 0～1岁是儿童粗大运动发展的关键期，3个月的婴幼儿有抓物意识，4～6个月能从仰卧翻到俯卧，10～12个月可以坐起、左右转身等，其运动发展规律是自上而下、由近而远。[3] • 在婴幼儿的社会行为发展方面，0～3个月的婴幼儿，其社会性发展尚在萌芽阶段，此时的婴幼儿无法区分自我和他人；4～6个月，婴幼儿的自我知觉开始形成，主动性和自我意识增强，会随着依恋对象移动；7～9个月的婴幼儿会与特定对象建立起真正的依恋关系；10～12个月的婴幼儿表现出更明显的依恋倾向，情绪随着依恋对象而变化，出现泛化的社会模仿行为。[4] • 新生儿最初的注意形态是定向性注意，在1～3个月时，其醒觉状态和昏睡状态之间的转换变得有规律，表现出选择性注意；在4～6个月时，婴幼儿的感知觉能力日趋成熟，注意力会受到之前的知识和经验的影响，更多注意社会性事件；7～12个月的婴

　　[1]　韦钰.0～3岁孩子家庭教育八大关键点[M].桂林：广西师范大学出版社，2015：1-172.

　　[2]　李际霞.初探幼儿园开展0～3岁家庭教育指导的有效措施和途径[J].新课程学习，2015（13）：182-183.

　　[3]　周念丽，屈慧欣.0～1岁婴儿发展性运动障碍的早期发现与干预[J].中国计划生育学杂志，2014（2）：138-141.

　　[4]　周念丽，陈锦荣.0～1岁婴儿社会行为异常的早期发现与干预[J].中国计划生育学杂志，2014（5）：358-360.

续表 1-1

年龄	阶段
0～3岁	幼儿常常处于警觉和积极探索状态，注意对象变得更广泛，感觉通道更加发达。[1] • 在婴幼儿0～3岁时有必要注意关注婴幼儿外显问题行为的发生。在8个月时，婴幼儿便会出现外显问题行为，主要表现为愤怒或发脾气、不顺从或反抗、攻击、破坏性、过度活跃、注意力不集中等。[2]
3～6岁	**3～6岁为儿童前期，是孩子社会化开始的阶段，此年龄段是家庭与幼儿园的共育阶段。** • 此阶段幼儿园与家庭的教育目标是不同的，这个阶段没有对文化学科的学习要求，更多的是需要帮助孩子建立起对社会、世界的认知。 • 国家有幼儿阶段的教育目标、教育指南，每个年龄段都有教育指南。教育指南的作用是让家长了解孩子上小学前应该做哪些准备，老师需要做哪些准备（老师了解孩子在入学前掌握了什么，做了哪些准备，孩子来了以后应该如何应对），孩子在入学前需要做好哪些准备。 • 3岁时孩子就开始叛逆了，这是第一叛逆期，症状是打滚、哭闹。 • 6岁之前的赞扬方式与6岁之后的赞扬方式是不同的。
6～10岁	**6～10岁为儿童后期，是孩子从他律过渡到自律的关键阶段。** • 6岁是自律开始期，10岁时自律完全形成，也有因人而异的情况，大概率10岁时基本完成从他律到自律的转变。

---

［1］ 周念丽，俞洁．0～1岁婴儿注意异常的早期发现与干预［J］．中国计划生育学杂志，2014（1）：70-72.

［2］ 许少月，王争艳．婴儿期外显问题行为的发生与表现及成因分析［J］．心理科学进展，2017（11）：64-77.

续表 1-1

年龄	阶段
6～10岁	• 6岁孩子的叛逆期症状往往表现为不听爸爸妈妈的话了，但是为什么不听了呢？是家长说的孩子不懂，还是家长不懂孩子？ • 6～10岁这个年龄阶段非常关键，需要针对这一阶段的每个年龄制定一个对家长、教师起指导作用的孩子成长指南。
10～12岁	**10～12岁为青春期前期。** • 10岁是一个分水岭，如果说10岁之前家长和老师对孩子的高压式管理还有效，10岁以后高压式管理则基本无效。 • 10岁以后孩子所能听从的内容，往往只是在他的自我思维频段上所能接受的与表达者一致的观点。 • 在这个年龄段，与孩子的对话方式与引导方式都要做相应的调整。尝试与孩子建立起朋友的关系是比较恰当的。
12～15岁	**12～15岁为青春期中期。** • 这一阶段是初小衔接的时期，孩子会带着新奇感和憧憬进入初中。他们面临着适应新的生活环境、人际环境和学习环境等问题，家长在这些方面应当提供恰当的指导、支持与帮助。[1] • 从某种程度上说，所谓青春期的逆反，并不是孩子的叛逆，而是家长不肯接受孩子的长大，是家长面对孩子的自主、自律、自立的不理解、不接受。 • 家长在对待进入青春期的孩子时，往往应对知识储备不足、应对方法准备不足、应对态度准备不足、应对能力准备不足，所以家长往往会认为孩子进入了叛逆期。 • 要想孩子不叛逆，智慧的家长应该从0岁开始，有目的地引导与陪伴孩子，而不能用强压、命令、训导的方式，要在陪伴孩子成长的过程中加强与孩子的互动，与孩子共同面对问题、做出选择、解决问题。 • 这个阶段的孩子一定要走出去，接触社会。

[1] 郭蕾. 家长对青春期初中生的心理关注点及对策 [J]. 中小学心理健康教育，2018（5）：78-80.

续表 1-1

年龄	阶段
15～18岁	**15～18 岁为青春期后期。** • 这一阶段的青少年独立意识明显增强，觉得自己可以独当一面，自我意识增强，非常在意自己的外在形象，情感丰富但不稳定。家长应注意保护孩子的独立性，多与孩子沟通和交流，尝试去了解并尊重孩子，鼓励孩子参加有益于身心发展的活动，丰富孩子的生活[1]，帮助他们建立自我同一性等。 • 家长对孩子要理解、接纳、无条件地积极关注，放下权威意识，与孩子进行平等的对话，要积极了解并关注青春期孩子的心理发展状况（如自我中心主义、性心理困扰等），以开放的心态与孩子探讨关于性方面的知识，表明自己的态度。[2] • 家长要关注亲子关系，尊重并保护孩子的隐私，要了解孩子的需要，不要将自己的思想和观点强加给孩子，要培养孩子独立自主的能力，不包办代替，适时放手。 • 家长要关注孩子的伙伴关系，应当协助孩子拓展伙伴关系，帮助孩子慎选伙伴、树立正确的价值观，指导孩子正确处理伙伴间的冲突，培养孩子拥有受人喜爱的特质。在与异性的交往上，家长要坦然面对，并在适当的时机告诉孩子如何在交往中做到自尊自爱，承担责任，把握交往的度。[3]

---

[1] 张琳.青春期孩子的心理特点及家庭教育[J].当代家庭教育，2020（26）：28-29.

[2] 叶慎花.如何应对青春期的孩子——基于家庭的视角[J].中小学心理健康教育，2018（10）：73-76.

[3] 郭蕾.家长对青春期初中生的心理关注点及对策[J].中小学心理健康教育，2018（5）：78-80.

年龄	阶段
18 岁以后	**18 岁以后为成年期。** • 这个阶段的孩子应该已经建立起了定义问题、规划目标、计划行动的能力。孩子应该对于自己的学业、就业、职业有了清晰的目标与计划，对于人生也有了自己的规划。 • 这个阶段的家长与教师所应该做到的是引导与激励，为孩子提供达成目标的帮助与指导，而非代替孩子完成人生目标的设定、生涯规划的设计。 • 要想孩子具备主观能动性，在 18 岁时具备自主能力，形成自驱力，需要家长从孩子年幼时就给予孩子正确的引导与示范，需要教师从幼儿园开始培养孩子独立自主的能力。

（五）生涯规划坐标下的家庭教育

生涯规划坐标下的家庭教育应以子女终身成长与发展的历程为主线，立足子女整个人生发展生涯的视野与格局，帮助子女建立起符合自我综合素质发展方向的生涯规划能力。

生涯规划坐标下的家庭教育需要特别注意一个"借助"和两个"结合"。一个"借助"是指帮助家长学会借助科学的理论与技术。两个"结合"是指结合年龄发展特点，根据孩子的特质，依据孩子在不同成长阶段的成长规律；结合子女的兴趣爱好与能力特点，对子女的家庭教育方式进行综合分析与权衡。在本报告中，生涯规划主要涉及健康成长、习惯养成、学业发展和职业发展四大维度，涵盖以下几个关键阶段：幼儿期（0～3 岁）、儿童期（3～12 岁）、青春期（12～18 岁）和成年期（18 岁以后）。生涯规划的宗旨是实现以人为本的个性化生涯规划，目的是让孩子在成人到成才的过程中获得因材施教的个性化发展，最大限度地激发孩子的潜能，帮助孩子在成长的过程中获得自主规划未来与把握人生的能力。

四、研究方法和设计

（一）研究方法

1. 方法论

方法论主要是指研究者在研究过程中所秉持的基本立场、假设和出发点，其最原初的意旨是要表明研究过程中各要素及其相互关系的意义和逻辑。"如果进一步细化的话，当具体到相关研究领域时，其主要架构了'研究者、研究对象和研究方法'三者之间的逻辑关系和基本范式。"[1]本报告以科学方法论为指导，从各种"问题"入手，通过深入研究对问题进行"证实"和"证伪"：证实有助于我们对实存现象进行科学、有效的阐释，证伪则需要我们对原有观点或结论进行修正和革新。因此，本报告的本体论是实证研究，认识论是生涯规划理论等。综上所述，本报告以实证主义方法论为指导。

2. 研究方式

在实证主义研究阵营中，向来有"量化研究"与"质性研究"之分。"量化研究"注重通过大量的数据变量及相互关系来检验前期所提出的假设，进而得出相应的观点或结论；而"质性研究"则注重研究者扎根研究

---

[1] 张新平，褚宏启 . 教育管理学通论［M］. 北京：高等教育出版社，2012：51.

现场，通过观察、访谈和收集实物资料等进行现象描述、理解性解释和理论建构。量化研究和质性研究代表着两种不同的研究范式和研究逻辑。但近年来，量化研究和质性研究相互嵌套和彼此印证，日益形成一种跨学科、跨范式和跨逻辑的融合趋势。尽管两种研究方式之间存在着一定的差异性，但是在研究的具体实践活动中并非泾渭分明，在"范式""方式""方法""技巧""资料"等层面都存在着相互渗透的情形。从一定程度上来说，二者是一个连续的统一体，它们之间相辅相成，连续性多于分歧性。因此，本报告采用量化研究和质性研究相嵌套的混合研究方式。

3. 收集资料的具体方法

（1）文献分析法

本报告通过万方数据库、中国知网和中文科技期刊检索与职业生涯教育相关的研究成果，查阅书籍、期刊、报纸充分了解国内外各阶段职业体验课程开发与实施的情况，运用分析、比较、综合等方法将资料进行进一步整合，全面分析各阶段实施职业体验课程的现状，并在充分了解相关情况的基础上，尝试从新的角度对各阶段职业生涯教育进行研究，增强研究的创新性和科学性。

（2）访谈法

为了从不同角度了解相关信息，有针对性地收集数据，开展有效分析，编写组根据研究问题拟定了访谈提纲，对参与北京市东城区义务教育阶段职业体验课程开发的职业学校与中小学教学校长与教师进行半结构式访谈，并做好记录，以确保研究的真实性和有效性。

（3）观察法

观察不仅是体认世界的一个基本方法和手段，还是开展科学研究活动的一个基本路径和依托。本报告采用参与式观察法，研究者扎根研究现场，与研究单位和研究对象进行近距离、长时间的接触，通过微聚焦的方式，对研究对象的言行、研究单位的实存现象进行多角度、立体式、专业性的观察和记录。

（4）实物收集法

实证研究尤其是质性研究中的"实物"包括与研究问题有关的文字、图片、音像、物品等。本报告立足研究问题，通过单位部门、网络、个人等各种渠道对实物资料进行收集和汇总，并对其进行分类和编码，然后进行类属分析和情境分析。

（5）案例分析法

基于研究问题，本报告选取北京市东城区部分学校为研究对象，同时将美国、英国、澳大利亚、芬兰、日本、德国、瑞士作为研究个案。对它们开展生涯教育和家庭教育的典型做法、主要特征和模式经验等进行比较分析。

（二）研究思路

首先，在文献研读和深度访谈的基础上初步形成研究问题；其次，采用量化研究和质性研究相嵌套的研究方式对当前我国生涯教育和家庭教育共成长现状进行实地调研和系统分析，精准掌握其现存样态、存在问题、形成原因等；再次，选取部分发达国家（美国、英国、澳大利亚、芬兰、德国、瑞士和日本）进行个案研究，对它们开展生涯教育和家庭教育的典型做法、经验模式等进行系统梳理和总结，并形成一般性或规律性认识；最后，基于现有文献和研究结果，为新时代尤其是"十四五"时期我国生涯教育和家庭教育共成长提出优化策略，并在实践层面积极探寻生涯教育和家庭教育共成长新基点，为突破当前我国生涯教育和家庭教育发展困境提供有益借鉴和指导。

（三）研究资料的收集、整理和分析

在实证研究中，资料收集、资料整理和资料分析是系统性、循环性和互证性的，这三个步骤互为一体、密不可分。本报告量化研究部分的数据资料采用 SPSS24.0、SmartPLS2.0、MAXQDA、Excel2016 等软件进行处理分析，质性研究部分的实证材料按照三级编码系统进行登录和归类，采用类属分析和情境分析相结合的分析方法。

第二章

生涯教育及其与家庭教育的关系

青少年时期是人生观、世界观形成的重要时期，也是职业理想孕育的关键时期。在我国现行普通教育体系下，职业技能容易被忽视，导致学生缺乏明确的职业发展目标，适应社会和就业创业的能力不强，创新型、实用型、复合型人才紧缺。[1] 因此，我们要通过一系列精准、务实的举措，培育各学段学生的职业素养，提升各学段学生的职业认知能力和职业发展能力。在这种背景下，面向各学段学生开展以职业素养为导向的生涯教育，切实提高学生的职业选择和发展能力，成为学校、家庭和社会的重要使命和共同责任。探究生涯教育及其与家庭教育的关系，是我们做好新时代生涯教育和家庭教育相关工作的重要基础和有效支点。

一、生涯教育意涵阐释

中国教育发展战略学会会长闵维方曾说过："生涯教育不仅在当今世界的教育过程中具有越来越重要的地位，而且对我国开发宝贵的庞大人力资源、造就与新时代相适应的具有文化自信、民族自信和个人自信的德智体美劳全面发展的中国特色社会主义事业建设者和接班人具有不可或缺的

---

[1] 李海涛．"大中小学一体化"职业生涯教育体系构建：价值、困境与路径[J]．中国职业技术教育，2021（36）：39-43+58.

重要作用。"[1]

（一）生涯教育概念的提出及阐释

"生涯"（Career）一词由来已久，很多专家和学者从不同学科背景、理论基础和研究视角出发对其给出不同的界定和解释。起初，"生涯"与"职业"的界限并不十分明确，"生涯"也常被称为"职业生涯"。1976年，萨帕重新定义了"生涯"概念，提出"生涯是生活里各种事态的连续演进方向，它统和了人一生中各种职业和生活角色"[2]。这一概念拓宽了"生涯"定义的内涵，是目前被学界普遍接受的定义。从广义上看，生涯是一个动态的、持续一生的发展过程，包含许多职业之外的要素。随着社会的发展，广义的生涯更应得到关注。[3]

生涯教育（Career Education）最初由美国教育总署署长马兰德于1971年提出。[4]作为一种新的教育哲学，它将生涯的概念统合在学习的全程中，并包含广阔的研究主题。[5]生涯教育在广义上泛指学校中进行的以学生终身发展为目的的一切课程和教育活动，在狭义上指"为帮助学

[1]　张译心.全面推进生涯教育发展［R/OL］.（2019-02-27）.http：//www.cssn.cn/zx/bwyc/201902/t20190227_4838847.shtml.

[2]　SUPER D E. Career education and the meanings of work［M］. New York：Columbia University Press，1976：13-14.

[3]　邓璐.生涯规划教育文献研究综述［J］.中小学心理健康教育，2017（32）：4-7.

[4]　潘黎，孙莉.国际生涯教育研究的主题、趋势与特征［J］.教育研究，2018（11）：144-151.

[5]　金树人.生涯咨询与辅导［M］.北京：高等教育出版社，2007：13-14.

生进行生涯设计、确立生涯目标、选择生涯角色、寻求最佳生涯发展途径的专门性课程与活动"[1]。广义和狭义概念都显示出学校教育在学生的生涯发展中的地位与作用。赫依特认为生涯教育应包括个体一生的教育历程。[2]金树人认为生涯教育是一种新的教育哲学，并将生涯的概念统合在学习的历程中。[3]张晶等人认为，生涯教育区别于就业指导、职业指导、生涯辅导等概念，具有更明确的内涵和外延。[4]美国国家职业教育协会对生涯教育的解释则更加偏重内外部生涯信息的获取，认为生涯教育是"一个可行的学习系统，能帮助所有青少年得到有用的信息。这些信息包括经济环境下的职业结构、多样的职业选择、劳动的义务与职责、个人才能与抱负决心、所有职业的必备素养和获取有酬及有用的职业的准备"[5]。学校教育具有专门性和规模性的特点，能够对青少年进行系统化的生涯教育，因而学校理应作为青少年生涯教育的主阵地。就生涯教育目的而言，学校应致力于学生的终身发展与全面发展，立足广义生涯概念对青少年进行指导，引导其关注并主动探索内部和外部世界，获取信息，从而形成一定生涯探索与生涯规划的能力以解决现实生涯问题。但从实际教学来看，

---

［1］　肖夏.高中生生涯发展现状及生涯教育对策的研究［D］.长春：东北师范大学，2012：6.

［2］　薛勇民.走向继续教育的深处——成人教育理论与实践的当代研究[M].太原：山西教育出版社,2008：205.

［3］　金树人.生涯咨询与辅导[M].北京：高等教育出版社,2007.

［4］　张晶,弋媛.高校体验式生涯教育的理论基础与实践路径［J］.济南职业学院学报，2021（6）：98-101.

［5］　Position papers on career education［M］. Las Vegas: National Association of State Directors of Vocational Education, 1971.

很多人仍然没有将生涯教育与职业教育区分开来，然而二者不能被混为一谈。生涯教育是一个比职业教育更为宽广的概念范畴，从生涯教育的内容来看，其固然包含职业技能的相关培训，以使学生能够获得谋生的职业（Occupation），但是除此之外，其更重要的使命是让学生获得自己真正喜欢的、适合自己的职业（Vocation）。[1]换句话说，生涯教育的目标和内涵中既包含了关于职业技能的教育，也包括对学生生涯规划意识、生涯决策效能等非职业技能的培养。因此，单纯的职业教育并不能与生涯教育画等号。

综上所述，我们可以将生涯教育概述为"是依据一套系统的课程计划或辅导计划，协助个体认识实际的工作世界并探索自己可能的发展形态，以便做出最佳的抉择、规划与准备，使个体在各阶段都过得适应与满足，并达成自我与社会实现的教育。狭义而言，生涯教育主要是指帮助指导学生规划好未来发展历程的教学课程；广义而言，学校所有围绕学生发展的正规教育都可以被称为生涯教育"[2]。

（二）生涯教育的特征

基于对生涯教育发展规律和育人实质等多种因素的考量，可将生涯教育的基本特征总结如下：

---

[1]　冯嘉慧. 美国生涯指导理论范式研究［D］. 上海：华东师范大学，2019：19.

[2]　欧健，邓晓鹏，罗健，等. 基于综合实践活动的生涯教育的实践探索——以西南大学附属中学校为例［J］. 教育理论与实践，2021（8）：3-9.

1. 育人性

生涯教育是依据一套系统的课程计划或辅导计划，协助个体认识实际的工作世界并探索自己可能的发展形态，以便做出最佳的抉择、规划与准备，使个体在各阶段都能适应与满足，并达成自我与社会实现的教育。[1]由此可见，生涯教育是提升学生职业素养、增强学生职业发展能力和促进学生适性发展的重要途径，育人性则是其存在和发展的基础，也是其系列举措的原初起点。

2. 长期性

生涯教育关注人的全面发展和终身发展，具有长期性、持续性的特点。个体的职业发展是一个长期、连续的过程，生涯教育不是某一阶段的特定事件，而是贯穿个体的整个成长过程。[2]这就决定了生涯教育不是某一阶段、某一类型学校所能够完成的工作。随着社会对生涯教育的认识程度普遍提升，生涯教育被不断前置，赋予了大、中、小学不同的使命和任务。建立长期规划、有机衔接、贯彻学生成长过程的生涯教育体系是各阶段学校的共同任务。

3. 阶段性

青少年的成长和认知过程尽管存在个体差异，但普遍呈现出明显的阶

---

[1] 朱益明.论我国高中生涯教育与指导的原则立场[J].基础教育,2015(5):17-21+68.

[2] 张沂琳.新技术时代学校职业生涯教育的因应策略研究[J].职教通讯,2021(6):32-36.

段性特征。[1] 由于认知程度、心理特征的差异，不同阶段的生涯教育应当具有差异性和层次性，以适应不同阶段学生的需要。因此，生涯教育要基于不同阶段学生的身心发展规律、成长特点和知识能力目标等，制定分阶段、分领域的人才培养方案，增强不同阶段生涯教育的针对性和实效性。

4. 探究性

探究性是生涯教育的固有属性和本质特征。生涯教育应以综合实践活动为主要形式，既要多领域尝试，充分尊重学生的兴趣爱好，为学生提供涵盖社会各领域的主题活动，如创意设计、职业体验、志愿服务、模拟联合国等，引导学生在多元活动中激发兴趣、挖掘潜能，又要个性化发展，通过创新、开放、灵活的活动形式，为学生提供发展空间，鼓励学生在活动中的个性化创造表现。

5. 实践性

基于沉浸式体验活动的生涯教育以学生的学校生活与社会生活为基础进行顶层设计，而非单向度地因循学科建构的逻辑，同时强调学生"从做中学"，让学生通过亲历操作、考察、调研、服务等活动，积累具有价值的各种形式的经验，并与学科知识进行内化整合，使"日常经验不再是瞬间的事情，它获得了持久的实质"[2]，发展自身的实践能力与创新能力，使学生获得实实在在的能力提升和充足的自我效能感。

---

[1]　王治东 . 统筹推进大中小学思政课一体化建设的三个维度［J］. 中国高等教育，2020（1）：10-12.

[2]　杜威 . 民主主义与教育［M］. 王承绪，译 . 北京：人民教育出版社，2001：225.

6.发展性

生涯教育以促进学生全面发展为旨归，对学生终身发展具有奠基作用。同时，其"所研究的问题都是有关共同生活的问题，所从事的观察和传授的知识，都能发展学生的社会见识和社会兴趣"[1]，强调对学生人际交往、团队协作等素养的培养。不能将生涯教育对学生发展的指导简化为单一的"生涯规划"教育，生涯教育并不等同于职业指导或者专业选择的辅导，要紧紧围绕每个学生的全面发展与终身发展来展开。

（三）生涯教育的主要原则

鉴于学生身心发展的规律性和育人的复杂性，开展生涯教育应遵循以下主要原则：

一是科学性原则。从理论依据来看，生涯规划理论起源于近代人力资源管理理论，尽管不同学科流派在某些问题上有分歧，但基本学科理论与实践方法已经得到公认，因此，生涯教育必须根据生涯规划理论的具体适用范围和主客观制约条件等进行合理安排，引导学生认识职业、选择职业，根据市场需要进行职业定位和职业规划，保证理论运用的科学性和正确性。

二是发展性原则。从核心理念来看，人力资源管理强调以人为本，关注个体发展。伴随着信息社会的到来，社会职业环境和职业需求发生了巨大变化，个体一生当中可能要面对职业的不断变化。为帮助个体更好地适

---

[1] 杜威.民主主义与教育[M].王承绪，译.北京：人民教育出版社，2001：210.

应这种变化,生涯教育必须以个体发展为本,重视培养个体的核心能力,注重提高就业竞争力,使个体能在更广的范围适应社会、职业需求的变化,促进个体职业生涯可持续发展。

三是阶段性原则。从纵向维度来看,生涯发展规划贯穿一个人全部的职业生命,个人在不同职业阶段有不同需求,这就要求制定生涯发展规划必须根据职业发展周期采取相应的方案。

四是整合性原则。从横向维度来看,生涯规划是在"知己"和"知彼"的基础上,选择合适的职业发展道路。"知己""知彼"的过程,就是各种有利资源的整合过程,其中最主要的是人力资本和社会资本的整合。人力资本指个体所具有的知识和技能,可以通过经验积累、培训学习等手段得到累积;社会资本指通过关系、网络建立的社会资源。人力资本和社会资本是职业发展中的两个重要影响因素。职业生涯规划要处理好两者关系,进行资源整合,只有将两者合理结合才能制定更为现实可行的职业生涯发展规划。

五是多样性原则。从实施途径来看,仅采用课程教学、讲座辅导的方式,形式较为单一,缺乏互动性,无法进行个性化指导。生涯教育应遵循多样性原则,运用案例教学、团队活动、情景模拟、主题汇报、职业测评、职业咨询、人物访谈、社会实践等多种方式,强化学生对自我的全面认识,加深学生对目标职业的理解,引导学生合理规划职业生涯。

六是修正性原则。从现实情况来看,生涯教育是一个不断制定目标、调整目标、修正路线的连续过程。由于职业生涯规划贯穿了个体整个职业过程,随着时间的推移、环境的变迁以及个体的成长,职业生涯的路线难免发生变化。因此，在生涯教育过程中必须考虑到职业生涯发展变化的可能性，引导学生设计预案，以便根据情况及时对生涯路线进行调整与修正。[1]

二、国内外生涯教育研究现状

（一）国外生涯教育研究现状

职业生涯教育最先在西方的发达国家兴起，尤其是职业教育发源地美国，其生涯教育自美国联邦政府教育局在20世纪70年代初提出生涯教育改革以来迅速发展，现已相对成熟。其他国家如英国、加拿大、德国、日本也相继对生涯教育展开研究，并以法律保障、政府支持和学校内部改革等方式推动生涯教育融入教育体系，现已逐步形成系统，并各有特色。各国各地在生涯教育发展的过程中出现了大量相关研究，并呈现出以下特征。

1. 在影响因素方面，研究趋势逐渐由外部转向内部

诸多因素能够对生涯教育产生影响，这些因素可划分为外部因素和内部因素两大类。其中外部因素主要有社会背景、学校教育和父母教养方式等个体之外的要素；内部因素则主要体现为个体自身所具备的要素，如生涯适应力、生涯成熟度和生涯决策自我效能等。纵观国外对影响因素的研究史，关于生涯教育的影响因素研究呈现出由外部因素向内部因素转变的趋势，尤其近年来关于个体内部影响因素的研究数量明显增多。如戈特弗

---

[1] 林辉. 人力资源视阈下职业生涯教育探究 [J]. 中国职业技术教育，2013（4）：73-75.

里德森的职业抱负发展理论显示自我概念在职业抱负发展过程中起到了重要作用[1]；美国学者加西亚等人发现，"学生的职业决策自我效能感能够直接影响其职业乐观性，而家庭支持和教师支持起到间接的和中介的作用"[2]；欧洲学者卡拉提佩与奥卢贝德以职业建构理论为基础建立起一个结构方程模型并对该模型进行检验，结果显示，生涯适应力的缺乏一定程度上会引发离职倾向[3]。这种研究趋势的转变并非偶然，而是研究者们越来越意识到个体的能动性、自我认知和支持水平等主体内部因素对于其自主寻求自身发展的巨大驱动力量，这种力量可能是外部因素难以比肩或替代的。因此，针对个体的生涯教育，若仍旧延续过去的某些做法，过于注重外部因素的施加，如仅仅针对个体求职过程中遇到的问题进行指导，或教师始终占据主导地位，将知识告知甚至直接灌输给学生，那么这样的教育不仅窄化了生涯范围，更会因为忽视主体自身的力量而收效甚微。

2. 在教育模式方面，研究由以教师讲授为中心逐步走向多元

被誉为现代教育学之父的德国教育学家赫尔巴特倡导以教师为中心的传统教育模式。这种突出教师权威地位、强调知识讲授的教学方法在相当一段时间内占据主要地位，生涯教育也受此影响，相当长一段时间内讲授

---

[1]　侯志瑾，梁湘明. Gottfredson 的职业抱负发展理论简介与研究评述［J］. 心理科学进展，2005（2）：201-210.

[2]　GARCIA P, RESTUBOG S, BORDIA P, et al. Career optimism: the roles of contextual support and career decision-making self-efficacy［J］. Journal of vocational behavior, 2015（6）：10-18.

[3]　KARATEPE O M, OLUGBADE O A. The effects of work social support and career adaptability on career satisfaction and turnover intentions［J］. Journal of management & organization, 2017（3）：337-355.

式甚至灌输式教学成为生涯教育的主要教育方法。生涯教育工作者渐渐在实践中认识到这种教学方法的不足之处。生涯教育与传统学科教学最大的不同就是生涯教育要在统一的课堂中照顾到学生个性化发展的需求，而传统讲授式教学方式则很难兼顾学生多样化、个性化的发展需要。于是生涯教育研究者开始走出传统的桎梏，探寻多元教学方法。

随着工业革命带来的社会转型以及与之相关的劳动分工、现代生产方式的建立和职业教育的扩展，职业咨询经历了从兴起到发展的过程，渐渐走入大众视野，学界的目光也由职业指导开始转向职业咨询。而后一段时间，相关研究渐渐细化并集中到"叙事生涯理论"，即以故事叙说的方法进行的生涯咨询，这一方法能够使来访者通过为自己的生涯赋予意义的方式建构起未来的幸福生活。[1] 澳大利亚学者阿布哈兹和麦克马汉在其研究中指出叙事生涯理论方法应该用于为有难民背景的人提供生涯教育，助其解决面临的职业问题。[2] 自此，国外生涯教育研究不再拘泥于传统的、单一的生涯教育方式，开始立足于个体自身的兴趣、需求和经历，探求更加情景化、叙事化的教学形式。

3. 在研究方法方面，定量与定性研究相结合逐步成为趋势

在生涯教育研究兴起之初，研究主题主要集中于课堂教学、教学质

---

[1] SAVICKAS M L. The theory and practice of career construction [M] // BROWN S D, LENT R W. Career development and counseling: putting theory and research to work. New York: John Wiley & Sons., Inc., 2005.

[2] ABKHEZR P, MCMAHON M. Narrative career counselling for people with refugee backgrounds [J]. International journal for the advancement of counselling, 2017 (2).

量等，研究方法主要为定量研究。然而，教育的根本目的是培养人而非机器，学生作为教育的主体首先也是人，若将教育活动完全等同于物质现象的活动，即相当于抹杀掉了教育中所蕴含的独特的人文现象。[1]当国外生涯教育研究学者将研究焦点逐渐转向人格特质和自我效能时，研究方法也随之转变为定量和定性相结合。马来西亚有关学者通过运用观察法、量表和调查问卷等多种研究方法对学校职业决策课程是否有效进行评估。[2]两种研究方法的结合充分显示出，教育研究方法之间并非完全对立，适时结合可以取长补短、博采众长，从而更好地进行研究，并对结果进行解释。

总体来看，国外生涯教育研究越发关注时代背景和社会需求。在实践层面，国外生涯教育起步早，发展时间久，再加上政府支持与学校自身变革，已经建立起独特的生涯教育理论体系，具备丰富的实践经验；在理论研究层面，生涯教育研究在多方面经历了较大转变，现已过渡到了一个新的阶段，研究者们更加关注生涯教育的主体本身并寻求创新性教育模式。但与此同时，国外生涯教育仍旧未摆脱较强的职业导向色彩，与真正意义的"生涯教育"仍存在一定差距。

（二）国内生涯教育研究现状

我国生涯教育萌芽于 20 世纪初，随着中华职业教育社推动职业指导

---

　　[1]　付瑛，周谊. 教育研究方法中定性研究与定量研究的比较［J］. 医学教育探索，2004（2）：9-11+21.

　　[2]　LAM M, SANTOS A. The impact of a college career intervention program on career decision-making self-efficacy, career indecision and decision-making difficulties［J］. Journal of career assessment，2017（3）.

进入普通高中，黄炎培等教育家为我国生涯教育的发展奠定了一定的理论和实践基础。从 20 世纪初到新中国成立后的一段时间，我国的生涯教育并没有被学者当作独立的学科进行研究，而是与德育、劳动教育等掺杂在一起，直到改革开放后我国对生涯教育理论的探索才由被动转向主动、由点及面开展。下面从发展历程和研究焦点来看我国生涯教育研究的发展情况。

国内生涯教育研究最早起步于台湾地区。台湾地区自 1991 年《青少年辅导工作六年计划》实施以来，职业生涯教育体系建设渐趋完善。[1] 21世纪初，台湾地区相关部门在"技艺教育改革方案"中提出"中小学阶段应重视生涯发展教育，落实生涯试探功能"，各校通过选修课等多种方式在中小学开展生涯教育。2003 年，台湾地区教育主管部门在 1998 年颁布的课程纲要基础上，又颁布了中小学九年一贯课程纲要，设立了中小学校园内生涯辅导课程的两大执行系统，即基于课程的生涯辅导（由具备专业知识的辅导教师进行）和潜在教育（由其他领域教师进行主题融入式教育或由学校规划）。[2] 由此能够看出，台湾地区生涯教育的特点不仅体现在横向渗透多领域的融入式教育体系上，还体现在生涯教育的纵向延伸上，即学校生涯教育不仅仅存在于高中学校、大学和职业学校，更是延伸到了义务教育阶段，真正形成了全面的一贯制生涯教育。

随着教育改革的逐步深入，国内各地区对生涯教育研究的重视程度

---

[1] 乔鑫.台湾地区普通高中生涯教育对大陆地区的启示研究 [J].公关世界，2020（10）：63.

[2] 周羽全.我国台湾地区中小学生涯教育研究 [D].上海：上海师范大学，2011：38.

逐步提升。最初，生涯教育主要面向大学生、研究生以及职业学校学生，也没有同职业教育很好地划分开来，生涯教育几乎等同于寻找一份谋生的职业。后来，新高考政策的施行打破了传统高考模式，高中生涯教育的重要性逐步彰显，高中生涯教育的研究也随之兴起。在学术层面，高中生涯教育相关研究大量涌现，如龚兴英基于对政策文件的解读和生涯教育现实问题，为高中生涯教育的推进提供策略[1]；梁晓鸽和朱益明通过介绍美国"重新设计高中"的教育改革计划下的四所美国高中学校改革与创新的案例，为我国高中生涯教育提供启示[2]。在实践层面，多地的高中进行了卓有成效的生涯教学实践，如北京交通大学附属中学、上海天山中学、长春实验中学等学校多年来致力于开发专门的生涯课程和生涯教育校本教材，已经卓有成效。[3]随着生涯教育如火如荼地开展，生涯概念的内涵也越来越深入人心，越来越多人开始意识到生涯是一个广泛的、全程的概念，生涯教育也应该是连贯的、一体的教育，而非割裂的。青少年需要在更早的时候开始主动进行生涯探索，接受生涯教育。生涯教育开展推进的主阵地已经逐步延伸到初中乃至更早的阶段。

目前，国内生涯教育研究整体呈现出以下特征：一是内容方面，相关研究主要是对学生生涯教育现状进行调查以及基于政策解读对必要性进

[1]　龚兴英.普通高中推进职业生涯规划教育的背景、问题与策略——以部分省（市、自治区）政策文件为例［J］.教育科学论坛，2020（32）：23-26.

[2]　梁晓鸽，朱益明.美国高中改革计划与实践案例［J］.全球教育展望，2014（3）：88-98+12.

[3]　夏晓鸥.积极心理学视域下高中生涯教育的课程设计——以江阴市第一中学为例［D］.南京：南京师范大学，2017：8.

行综述。这些研究都旨在指出学段学生生涯教育的重要性，以引起广泛重
视。二是教育模式方面，已有学生生涯教育研究注重结合时代背景以及探
索多样的实施方式。这些从某一角度切入的研究，拓宽了生涯教育教学的
形态和呈现形式。三是理论基础方面，现有的生涯课程相关研究大多基于
舒伯、霍兰德等人的生涯教育理论，内容围绕"职业"和"我"展开，问
题设定围绕"我是谁""我能做什么""我怎么去做"等展开，强调人职
匹配。四是生涯教育实践方面，部分地区和学校看到了生涯教育实施的必
要性，积极开展生涯教育校本课程研究和实践，但同时在很多地区生涯教
育仍旧处于边缘地位，常常零星地分布在心理课、思政课等课程的某些章
节中，或是融合在短暂的升学指导中；而已开设的课程也存在内容安排缺
乏逻辑性和科学性、讲授式教学难以激发学生兴趣、缺乏整体设计、课程
形式单一、缺少专业训练等问题，亟待解决。

　　总体上看，我国生涯教育研究与实践仍旧处于探索和发展期，并未成
熟。因此，仍需对生涯教育模式进行深入、全面的探索，合理开发生涯教
育课程体系。课程需要在理论上兼顾学生个性化的需求和兴趣而非仅关注
人职匹配，在目标上有效地将个体需求和社会需求相结合，在内容上激发
青少年主动性。我国生涯教育还有很长的路要走。

三、生涯教育和家庭教育关系透视

（一）生涯教育是家庭教育的重要内容

　　生涯教育是一个长期、持续的育人过程，是贯穿个人发展终身的。

"美国著名的职业指导专家金斯伯格对职业生涯的发展进行过长期研究，他将人的职业发展阶段划分为幻想期（0～11岁）、尝试期（11～17岁）和现实期（17岁以后的青年期）。美国另一职业指导专家帕森斯提出职业选择要完成自我认知、职业认知和人－职匹配三个任务。家庭教育中父母要根据职业发展的不同阶段帮助孩子完成各阶段的任务。"[1]具体内容如下：

一是幻想期：0～11岁。"这一阶段处于儿童时期，儿童在这个时期对周围的事物非常好奇，特别是当他们看到一些职业表现时，喜欢模仿和问究。此时期职业需求的特点是：孩子单纯凭自己的兴趣爱好，不考虑自身的条件、能力水平，更不会考虑社会需求，完全处于幻想之中。"[2]这一时期，"家长要学会用孩子的理想（梦想）引导孩子，陪孩子做一些职业角色扮演的游戏。比如问孩子：'你想做这个事情，现在你需要做什么准备啊？我们一起准备好不好？'在这一阶段，家长除了要帮助孩子完成对职业的一些基本认知以外，还要帮助孩子建立自我概念，比如：多肯定孩子，肯定孩子生活中出现的能力特征、性格特征、品行特征；帮助孩子了解自己，使孩子对自我的价值有充分的肯定"[3]。

二是尝试期：11～17岁。"这是少年儿童向青年期过渡的阶段，在

---

[1]　王琳．家庭教育中职业生涯规划缺失的现状与改进［J］．中小学心理健康教育，2013（19）：39-41．

[2]　王琳．家庭教育中职业生涯规划缺失的现状与改进［J］．中小学心理健康教育，2013（19）：39-41．

[3]　王琳．家庭教育中职业生涯规划缺失的现状与改进［J］．中小学心理健康教育，2013（19）：39-41．

这一时期，人的心理和生理在迅速成长发育和变化，是吸收知识和增长能力的黄金时期。"[1] 这个时期的孩子"开始独立思考问题，价值观念逐步成形，对社会生产和生活有了初步的探索意识。在职业需求上呈现出的特点是：表现出一定的职业兴趣，并开始审视自身各方面的条件和能力；开始注意职业角色在社会上的意义、地位，以及社会对该职业的需要。这个时期的学生基本上是处于初中、高中阶段。"[2] 要想做好这一时期的生涯教育，家庭里必须要有重视孩子职业梦想的氛围。具体来说，家长可以经常和孩子讨论这个话题，并做到如下三点：①帮助孩子了解自己。"使用测评工具是了解孩子职业兴趣取向、生活价值取向、性格和能力特征等基本特征的最简便方法。职业兴趣取向可以使用《霍兰德职业能力测验》，通过测试知道自己理想的职业和适合的职业；性格和能力特征可以使用《卡特尔16种人格因素量表》；要了解生活价值取向，可以和孩子一起探讨孩子未来想过何种生活。"[3] ②帮助孩子了解专业和工作。"在职业兴趣确定之后，家长和孩子可以一起搜集这方面的资料，进一步对从事这项工作所需要的能力进行了解，当孩子看到自己的能力距离所喜欢的工作所需能力还有一大段距离时，往往能产生强烈的学习动机。在闲暇时

[1] 王琳. 家庭教育中职业生涯规划缺失的现状与改进 [J]. 中小学心理健康教育，2013（19）：39-41.

[2] 王琳. 家庭教育中职业生涯规划缺失的现状与改进 [J]. 中小学心理健康教育，2013（19）：39-41.

[3] 王琳. 家庭教育中职业生涯规划缺失的现状与改进 [J]. 中小学心理健康教育，2013（19）：39-41.

间，父母还可以带领孩子亲自体验他所喜欢的工作。"[1] ③帮助孩子做好时间规划。"时间规划分为一生的时间规划和一天的时间规划。一生的时间规划可以让孩子看到每个年龄阶段应该做的事情，以未来的视角看清现在需要做的事情；一天的时间规划可以让孩子看到一天 24 小时是如何度过的，应该怎样合理安排时间。"[2]

三是现实期：17 岁以后的青年期。"这一时期处于青年年龄段，即将步入社会工作，能够自觉地将自己的能力、现实条件与社会生活中的职业需要联系起来，能够自发地寻找适合自己的职业。此阶段已有具体的、现实的职业目标，表现出的最大特点是具有客观性、现实性、讲求实际。这个阶段，孩子基本上从高中后期转向就业或者升入大学阶段，开始有机会从事相关职业或者为这一职业目标进行专业的学习。如果说在幻想期和尝试期要完成自我认知和职业认知的话，那么在现实期主要完成的任务就是人职匹配。此阶段家长应鼓励孩子多参加社会实践活动，有意识地发展工作技能；鼓励其在假期从事兼职工作，在实践中体验个人和职业是否匹配。"[3]

由此看来，生涯教育与家庭教育在培养孩子方面有着本质联系和共同任务，生涯教育是家庭教育的重要组成部分和重要内容。

---

[1] 王琳. 家庭教育中职业生涯规划缺失的现状与改进 [J]. 中小学心理健康教育，2013（19）：39-41.

[2] 王琳. 家庭教育中职业生涯规划缺失的现状与改进 [J]. 中小学心理健康教育，2013（19）：39-41.

[3] 王琳. 家庭教育中职业生涯规划缺失的现状与改进 [J]. 中小学心理健康教育，2013（19）：39-41.

（二）家庭教育是生涯教育的强力保障

"我们每一个人的生涯都从家庭开始。最初的生涯发展场所是家庭，最初始的生涯发展影响力也来源于家庭，而且家庭生活必将伴随我们一生，家庭对于个人生涯发展的影响是终身的。父母对子女影响巨大，特别是对未成年子女的生涯规划和发展往往起着决定性作用。"[1] 因此，生涯教育不仅需要学校教育，更需要家庭教育。深度融入生涯教育理念、知识和方法的家庭教育，将为深入推进生涯教育提供强力支撑和重要保障。从现实情况来看，家庭教育在孩子生涯教育过程中整体上是缺位的，具体表现为：一是部分家长通过生活中的一言一行及自身生涯发展状态对孩子的生涯规划产生影响，但没有对孩子的生涯发展进行科学规划的意识；二是部分家长尝试着对孩子开展生涯教育，但缺少必要的专业知识和方法，关注点仅仅停留在兴趣爱好、性格养成等方面，对孩子的生涯教育专业性不强、纵深性不足等；三是部分家长对孩子的生涯教育高度集中在高考志愿填报方面，人为地窄化了生涯教育的边界和功能等。由此看来，家庭教育助力生涯教育的作用发挥还不够充分。

基于此，我们要进一步革新和优化家庭教育中生涯教育的方法，具体措施为：

一是有意识地引起孩子对生涯的好奇和关注，由此唤醒孩子的生涯主体意识。从本质上来说，生涯教育的目标是在充分唤醒孩子主体意识的基

---

[1] 莫晶.在家庭教育中开展生涯教育的几点思考［J］.中小学心理健康教育，2021（30）：66-67.

础上，引导孩子形成积极的自我意识，从而让他们学会设计自我、规划人生，成为最好的自己，体验幸福生涯。孩子是生涯教育的对象，也是生涯规划的主体。生涯教育的成功实现需要依靠孩子主动学习生涯知识，探索生涯发展，从而设计规划人生。唤醒孩子生涯规划主体意识，充分调动孩子的生涯规划积极性，需要从新高考政策、生涯规划的重要性与意义等多个方面着手。家长可以通过讲自己或身边人的生涯故事等方式实现对孩子的生涯教育。

二是为孩子提供生涯体验方面的支持与帮助，让孩子体验各种角色，包括家庭角色、工作角色等。体验家庭角色可以通过让孩子在家庭中承担一定的家庭责任来实现，家长可以让孩子做一定的家务，如洗碗、扫地、做饭等。关于职业生涯体验，可以让孩子通过生涯测评等方式发现自己的职业生涯目标，体验自己的目标职业，了解目标职业的社会需求、职业环境、职业要求等。家长还可以带孩子近距离接触大学和专业，提供机会让他们体验不同的职业，鼓励、支持他们尝试与其兴趣爱好相关的工作，帮助他们在生涯体验中更加多元、全面地认识自我（兴趣、性格、能力、价值观、家庭资源等），从而确定生涯目标，为生涯发展奠定基础。

三是在尊重孩子生涯想法的前提下，家长可以帮助他们确立生涯目标。生涯目标代表了个人对未来的想象和期待。我们经常会问孩子，你的梦想是什么？孩子的生涯目标往往与其梦想有着紧密的联系。家长需要通过生涯教育唤醒孩子深埋心底的梦想种子。例如，家长可以通过讲述自己追梦的故事鼓励孩子谈梦想；对于梦想还不确定的孩子，家长可以鼓励其对未来进行充分想象，想象其理想人生或者说其未来的理想生活，并将理想逐步具化为生涯目标。此外，家长还应该注意不要对孩子的梦想横加指责，而是要适当对孩子的想象进行引导。

四是教孩子学会选择，并对选择负责。生涯规划其实也是由一个个选择构成的，不同的选择会使孩子走向不同的方向。家长在教孩子慎重选择的同时，也要教会孩子对自己的选择负责，面对生涯发展过程中的问题要积极思考、勇于面对。培养孩子的责任感，首先要让孩子认识到自己人生的责任只能完全由自己承担，一丝一毫都无法依赖他人。培养责任感就是要让孩子在做出选择后面对自己遇到的问题，承担相应的后果，不要推卸责任，也不要依赖他人，应设法解决它，坚持不懈去努力。在家庭中，家长要给孩子一定的权利和选择的自由，这有利于培养孩子的责任感。同时，让孩子承担一定的家庭责任也可以培养孩子的责任感。

五是培养孩子良好的心理品质和生涯发展能力。"为人"和"处事"是生涯发展能力的重要方面。关注孩子的身心健康，让孩子有一个良好的心理状态，有助于其适应不断变化的外部世界；培养孩子积极乐观的生活态度，可使孩子具备较强的适应能力；培养孩子良好的人际交往技能、时间管理能力、问题解决能力等生涯发展能力，可为孩子的生涯发展减少阻碍。

六是"既要'言传'也要'身教'，家长可以以自己的生涯推动孩子的生涯。家长在对孩子进行生涯教育之前，思考并规划好自己的生涯能够对孩子起到潜移默化的影响"[1]。只有这样，我们的家庭教育才能真正成为生涯教育的强力支撑和保障，才能成为"家庭—学校—社会"协同育

---

[1] 莫晶.在家庭教育中开展生涯教育的几点思考[J].中小学心理健康教育，2021（30）：66-67.

人体系的重要支柱和基本载体。

（三）生涯教育和家庭教育是有机统一体

正如前文所述，生涯教育是家庭教育的重要内容，家庭教育是生涯教育的强力保障。在某种意义上，二者互为支撑、互为融通、互为机理。在培养孩子成长成才这一基点上，二者犹如一枚硬币的两面，家庭教育过程中不能没有生涯教育，生涯教育深入推进过程中也不能没有家庭教育，二者是一个有机统一体。在开放、融合、共享、智能的新发展阶段，生涯教育和家庭教育要以"培养适应性人才"为核心，以问题和需求为导向，以大数据、人工智能等为手段，以"尊重人—解放人—发展人—完善人—成就人"为逻辑。所以，在深入开展以培育职业素养为导向的生涯教育和家庭教育的过程中，我们要让孩子尽早知道并形成如下意识：①变化是世界永恒的主题。要学会主动面对变化和顺应变化，在变化中学会选择。②选择是需要承担结果的。人生没有彩排，更不会重来，要勇于承担每一次选择的结果。③发展自己是有方法的。每一个人都是独立的存在，是独一无二的，在专业知识、技能方法的指导下，我们可以发展得更好更快。④理解自己是需要主动的。人类社会发展实践证明，人与人之间只要存在差异，就会有竞争。在竞争日益激烈的当今社会，我们要更加主动地认识自己和理解自己，要在竞争中掌握主动性。⑤学业、专业、职业是可以持续衔接的。在现有教育体制和学段学制下，人的一生中 1/4 的时间会在学校教育中度过。个体所处的学段、选择的专业和踏入社会后从事的职业等都不是孤立的，而是基于个体兴趣专长等因素做出的利益最大化选择，通常具有接续性。⑥生涯决策是能够达成家庭意见共识的。生涯决策、生涯规划等是基于孩子全面发展和终身发展需要而存在的，家庭教育也是如此，二者在指导和帮助孩子适性成长、终身发展方面具有高度一致性。

目前来看，在探究生涯教育和家庭教育共成长的道路上，我们还有很长的路要走。

生涯教育与家庭教育的政策推进和理论基础

对个人来说，最幸福的事就是能够做自己喜欢做的事，走自己喜欢走的路。但很多人却做不到这一点。往内看，不知道自己喜欢什么；往外看，不知道有哪些路可以走。有了生涯规划，人生便有了方向。做好以培育职业素养为导向的生涯教育和家庭教育，指导和帮助孩子在人生每个阶段扮演好自己的角色，直接关乎他们未来的人生质量。

一、生涯教育与家庭教育的政策推进

生命是持续不断的过程，生涯发展是一个纵贯一生的过程，以培育职业素养为导向的生涯教育与家庭教育则是贯穿人整个生命历程的系统工程。在 2018 年全国教育大会上，习近平总书记强调："家庭是人生的第一所学校，家长是孩子的第一任老师，要给孩子讲好'人生第一课'，帮助扣好人生第一粒扣子。"[1]中华民族历来重视家庭教育，"天下之本在国，国之本在家"的古训言犹在耳。近年来，党和国家高度重视和持续关注生涯教育与家庭教育问题，不仅发布了一系列生涯教育和家庭教育的专项文件，还在多种重要文件中对生涯教育和家庭教育提出具体要求。

---

[1]　鄢爱红.光大中华民族家教文化［N］.光明日报，2022-02-07（15）.

（一）国家发布的生涯教育和家庭教育有关政策文件

国家发布的部分生涯教育和家庭教育有关政策文件如表 3-1 所示。

表 3-1 国家发布的生涯教育和家庭教育有关政策文件（部分）

序号	文件名称
1	《国务院关于印发全民科学素质行动规划纲要（2021—2035 年）的通知》，提出"激发青少年好奇心和想象力，增强科学兴趣、创新意识和创新能力，培育一大批具备科学家潜质的青少年群体，为加快建设科技强国夯实人才基础"。
2	《国务院关于印发中国妇女发展纲要和中国儿童发展纲要的通知》发布了《中国儿童发展纲要（2021—2030 年）》，为儿童生存、发展、受保护和参与权利的实现提供了重要保障。
3	中共中央办公厅、国务院办公厅发布《关于进一步减轻义务教育阶段学生作业负担和校外培训负担的意见》，提出"坚持学生为本、回应关切，遵循教育规律，着眼学生身心健康成长"。
4	国务院办公厅印发《关于新时代推进普通高中育人方式改革的指导意见》，提出了强化综合素质培养和考核、完善考试和招生制度、培养多样化人才、传承技术技能、促进就业创业等要求。
5	中共中央、国务院印发《中长期青年发展规划（2016—2025 年）》，对青少年各个领域的发展都提出了较为明确的要求。
6	中共中央、国务院印发《国家中长期教育改革和发展规划纲要（2010—2020 年）》中提出："建立学生发展指导制度，加强对学生的理想、心理、学业等多方面的指导。"
7	《国务院关于深化考试招生制度改革的实施意见》，开启了高考综合改革的脚步，对学生、学校有了新的要求。

序号	文件名称
8	中共中央办公厅、国务院办公厅印发的《关于推动现代职业教育高质量发展的意见》着重提出："加强各学段普通教育与职业教育渗透融通，在普通中小学实施职业启蒙教育，培养掌握技能的兴趣爱好和职业生涯规划的意识能力。"
9	中共中央宣传部、中央文明办、中共中央纪委机关、中共中央组织部、国家监察委员会、教育部和全国妇联印发的《关于进一步加强家庭家教家风建设的实施意见》的通知中明确提出："经过持续不懈努力，未来五年支持家庭发展的政策法规不断完善，全社会注重家庭家教家风建设的氛围日益浓厚。家庭文明建设活动的影响力和感召力不断增强，培树的典型家庭数量翻一番，家风建设中党员和领导干部表率作用充分发挥，新时代家庭观大力倡扬。立德树人家庭教育理念深入人心，覆盖城乡的家庭教育指导服务体系不断完善，家校社协同育人机制更加健全……"
10	第十三届全国人民代表大会常务委员会第三十一次会议通过的《中华人民共和国家庭教育促进法》明确提出："家庭教育以立德树人为根本任务，培育和践行社会主义核心价值观，弘扬中华民族优秀传统文化、革命文化、社会主义先进文化，促进未成年人健康成长。"
11	《教育部关于普通高中学业水平考试的实施意见》明确提出"要加强学生生涯规划指导"。
12	《教育部关于加强和改进普通高中学生综合素质评价的意见》提出："坚持指导性，把握学生的个性特点，关注成长过程，激发每一个学生的潜能优势，鼓励学生不断进步。"
13	《教育部关于加强家庭教育工作的指导意见》提出："家庭是社会的基本细胞。注重家庭、注重家教、注重家风，对于国家发展、民族进步、社会和谐具有十分重要的意义。家庭是孩子的第一个课堂，父母是孩子的第一任老师。家庭教育工作开展的如何，关系到孩子的终身发展，关系到千家万户的切身利益，关系到国家和民族的未来。"

续表 3-1

序号	文件名称
14	全国妇联、教育部《关于印发〈家长家庭教育基本行为规范〉的通知》中明确指出："树立正确的家庭教育理念，掌握科学的家庭教育方法，不断提升家庭教育水平，为促进儿童健康成长，培养担当民族复兴大任的时代新人贡献力量。"
15	教育部办公厅印发的《关于加强义务教育学校作业管理的通知》指出："学校要根据学段、学科特点及学生实际需要和完成能力，合理布置书面作业、科学探究、体育锻炼、艺术欣赏、社会与劳动实践等不同类型作业。"
16	全国妇联、教育部、中央文明办、民政部、卫生部、国家人口计生委、中国关工委《关于印发〈全国家庭教育指导大纲〉的通知》中提出，"家庭教育指导应注重科学性、针对性和适用性"，坚持儿童为本、家长主体、多向互动等原则。
17	全国妇联、教育部、中央文明办、民政部、文化和旅游部、国家卫生健康委员会、国家广播电视总局、中国科学技术协会、中国关心下一代工作委员会《关于印发〈全国家庭教育指导大纲（修订）〉的通知》提出，"家庭教育指导是指相关机构和人员为提高家长教育子女能力而提供的专业性支持服务和引导"，家庭教育指导工作应坚持思想性、科学性、儿童为本、家长主体基本原则。
18	全国妇联联合教育部、中央文明办、民政部、文化部、国家卫生和计划生育委员会、国家新闻出版广电总局、中国科协、中国关心下一代工作委员会共同印发《关于指导推进家庭教育的五年规划（2016—2020年）》，提出到2020年，基本建成适应城乡发展、满足家长和儿童需求的家庭教育指导服务体系。

（二）地方政府发布的生涯教育和家庭教育有关政策文件

地方政府发布的生涯教育和家庭教育部分有关政策文件如表 3-2 所示。

表 3-2 地方政府发布的生涯教育和家庭教育有关政策文件（部分）

序号	省市	文件名称
1	北京市	《"十四五"时期教育改革和发展规划（2021—2025 年）》
2	上海市	《上海市教育委员会关于加强中小学生生涯教育的指导意见》
3	重庆市	《重庆市教育委员会关于开展普通高中学生生涯规划教育的通知》
4	浙江省	《浙江省教育厅关于加强普通高中学生生涯规划教育的指导意见》
5	河南省	《河南省普通高中生涯教育课程指导纲要（试行）》
6	河北省	《关于进一步加强河北省高中生涯规划教育工作的通知》
7	山东省	《山东省教育厅关于做好普通高中学生发展指导工作的意见》
8	江苏省	《江苏省教育厅关于加强普通高中学生发展指导的实施意见》
9	海南省	《海南省教育厅关于加强我省普通高中学生生涯规划教育的指导意见》
10	青岛市	《青岛市学生生涯规划指导实验实施方案》
11	义乌市	《义乌市教育局关于在初中阶段开展生涯规划教育的通知》
12	厦门市	《厦门市教育局关于加强普通高中生生涯发展教育的指导意见（讨论稿）》
13	深圳市	《深圳市南山区中小学生涯规划教育实施指引》

续表 3-2

序号	省市	文件名称
14	亳州市	《亳州市教育局关于加强普通高中学生生涯发展教育的指导意见（试行）》
15	钦州市	《钦州市关于开展高中生职业生涯规划教育的意见》
16	石家庄市	《石家庄教育局关于开展初中生职业生涯规划教育的意见》
17	齐齐哈尔市	《齐齐哈尔市教育局关于在全市中小学开设学生生涯规划教育课程的通知》
18	闵行区	《闵行区高中生涯发展教育实施指导意见（征求意见稿）》
19	成都市	《成都市中小学生涯规划教育实施方案》
20	福建省	《福建省教育厅关于进一步加强家庭教育工作的指导意见》
21	浙江省	《浙江省家庭教育促进条例》

生涯教育和家庭教育的理论研究与实践探索都需要通过政策或制度来加以规范和保障。当然，在生涯教育和家庭教育政策机制甚至立法方面的持续努力，并不仅仅是教育界分内的事，还必须有全社会的支持和理解。在全社会形成"重视生涯教育和家庭教育"共识的基础上，还需要不断地探索、实践、调整和完善，使我国生涯教育和家庭教育政策机制不断健全和完善，进而为我国家庭教育乃至整个教育事业科学、繁荣发展提供重要保障。从表 3-1 和表 3-2 不难看出，国家发布的生涯教育和家庭教育有关政策文件，很好地提出了生涯教育和家庭教育的规范要求、行动路径和实践方向，同时为地方政府出台相关政策文件预留了很好的自主发展空间。总之，当前我国生涯教育和家庭教育正在逐渐专业化、规范化、科学化和

常态化，相关政策机制也逐渐完善，这体现了我国生涯教育和家庭教育制度化建设的不断加快和持续优化。

二、生涯教育与家庭教育共成长的理论基础

在科学研究中，理论基础能够为研究者提供一种观察的角度、思考的方法、解释的依据，其不仅是整个研究构架的重要组成部分，还是选题科学、研究能够立稳、研究具有价值等的重要基础。开展以培育职业素养为导向的生涯教育和家庭教育，具有深厚扎实的学理支撑和理论基础。

（一）职业兴趣理论

1. 理论概述

生涯选择是人们依照个人的兴趣、性格、能力等选择适合自己的发展方向的过程，目的在于使个人与选择的方向相匹配。美国约翰·霍普金斯大学心理学教授、著名职业指导专家约翰·霍兰德在 1959 年提出了具有广泛社会影响的职业兴趣理论。他认为，个体的人格类型和兴趣与职业密切相关，兴趣是人们活动的巨大动力，凡是具有职业兴趣的职业都可以提高人们的积极性，拥有职业兴趣的人们会更加积极地、愉快地从事该职业。

2. 价值点

霍兰德强调，个体的人格或工作兴趣与职业适配和对应是职业满意度、稳定性和成就的基础。他划分了六种人格类型（见图3-1），并认为

人格类型、兴趣与职业越相似，相容性就越强，进而在选择职业的时候内在冲突就会越少。

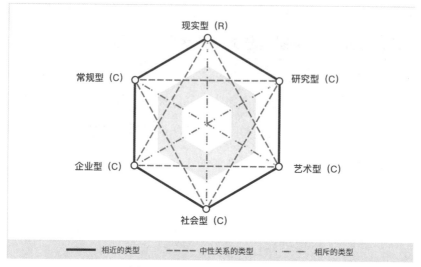

图 3-1　霍兰德的人格六角模型

研究表明，遗传因素和生活经历构成了个人独特的人格特征，当个体选择的生涯发展方向符合这种人格特征时，更有希望在未来的发展中发挥自己最大的潜能。霍兰德理论的核心思想在于将个人的人格类型与职业类型相匹配。这一理论具有广泛的适应性，是帮助学生认识自身职业倾向及规划未来选择的重要工具。霍兰德理论强调了人和职业匹配的重要性，这表明在进行生涯教育时应加入自我认知、职业认知的内容，并注重将二者妥善联结。

3.局限性

职业兴趣理论过于强调个体的人格或工作兴趣对职业匹配的影响，却忽视了外部环境中的其他影响因素。同时，霍兰德提出的六种类型职业并不是孤立存在的，而是有着各种区别与联系；与之相矛盾的，在他的正六边形模型中，相邻的职业群之间的距离是相等的。

（二）生涯发展理论

1. 理论概述

1953 年，美国学者舒伯提出了"生涯"的概念。舒伯的生涯发展阶段理论认为，研究个体的生涯发展周期，需要综合考虑个体不同生命周期的特点和不同职业阶段的任务、目标。他主张将生涯划分为不同的发展阶段，并提出不同生涯周期面临着相应的管理重点。舒伯将人的生涯划分为五个主要阶段，每一个阶段都有对应的主要任务，具体如表 3-3 所示。

表 3-3　舒伯的生涯发展理论

舒伯的生涯发展理论		
年 龄	阶 段	任 务
儿童期	成长阶段	发展自我概念
青春期	探索阶段	通过学校和社会实践探索自我能力、角色、职业
成人期	创业阶段	确定在整个事业生涯中属于自己的"位子"
中年期	维持阶段	间隔调整，开发新技能，维持"位子"
老年期	衰退阶段	逐步退出职业和结束职业

以初中学生为例，初中阶段属于成长期到探索期的过渡阶段，此时的主要表现是：①能力的重要性逐渐增加，开始考虑工作所需要的条件与训练；②会考虑需要、兴趣与能力等；③有了暂时性的决定；④这些决定在幻想、讨论、课业和工作中细加思量；⑤考虑可能的职业领域和工作层次。可见，初中阶段的学生已经有了解工作、考虑未来工作的意向，他们

迫切需要得到生涯指导。[1]

2. 价值点

职业发展理论可以让个体认识到自己正处于生涯发展的哪个阶段，了解人生各阶段的特点和规律，帮助人们更好地规划人生。为了阐述生涯发展阶段与角色彼此间的相互影响，舒伯创造性地绘制了一个多重角色生涯发展的综合图形——"生涯彩虹图"（见图3-2）。[2]生涯彩虹图能够形象地展现生涯发展的时空关系，更好地诠释生涯的定义。在生涯彩虹图中，纵向层面代表的是纵观上下的生活空间，由一组职位和角色所组成，具体包括子女、学生、休闲者、公民、工作者、持家者6个不同的角色。这些不同的角色交互影响，最终交织出个体独特的生涯类型。从生涯彩虹图中不难看出，横向的发展阶段、发展任务和纵向的生涯角色的发展，交织成一个具体的生涯发展图谱。

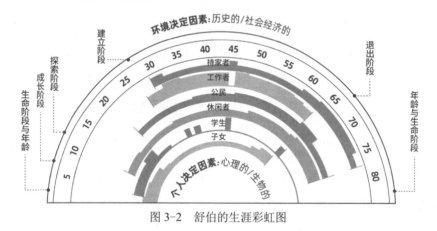

图3-2 舒伯的生涯彩虹图

［1］ 张琳琳.初中生涯教育课程设计的研究与实践［D］.南京：南京师范大学，2021：12.

［2］ 周文霞，谢宝国.职业生涯研究与实践必备的41个理论［M］.北京：北京大学出版社，2022：83.

3. 局限性

生涯发展理论忽略了经济和社会因素对生涯发展方向的影响，而且学习因素与职业发展历程的关系也需进一步深入研究。角色之间的转换不是瞬间发生和完成的，而是需要一个过程。随着个体的社会任务或职业生活的不断变化，个体的角色也会发生变化，从一个角色进入另一个角色。

（三）生涯决策理论

1. 理论概述

生涯决策理论关注影响个体生涯决策的原因，探讨如何选择才能获得最大收益。1991 年盖瑞·彼得森等人提出了认知信息加工（Cognitive Information Processing，简称 CIP）理论。该理论揭示了生涯发展是个体做出生涯决策，在决策过程中运用信息的过程。按照该理论特点构建出的模型，即图 3-3 所示认知信息加工模型。

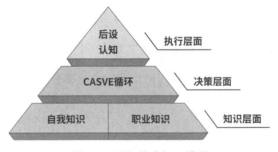

图 3-3　认知信息加工模型

该金字塔模型包括知识层面、决策层面和执行层面。其中知识层面是最基础的部分，包括自我知识区和职业知识区，可为做决定提供"素材"。决策层面包括五个步骤，即沟通（Communication）、分析

（Analysis）、综合（Synthesis）、评估（Valuing）与执行（Execution）。这五个步骤形成闭环，彼此链接，简称 CASVE 循环。在金字塔的最上端是执行层面，这是一种对认知历程的觉察能力，可理解为对自身状态进行觉察、监督和调控的功能。[1]

2. 价值点

认知信息加工理论是其代表理论，该理论旨在探讨"知之历程"中的两大问题，即"人何以能知"和"人何以获知"[2]，旨在协助当事人在快速变迁的社会中，运用自我知识及职业知识，解决生涯困境。该理论为生涯教育和家庭教育共成长的建构过程提供了底层思维，揭示了生涯决策过程的内在逻辑，强调了自我知识、职业知识的基础作用，是生涯教育和家庭教育内容选择和路径设计的参考依据。因此，认知信息加工理论是本报告的重要理论支撑。

3. 局限性

生涯决策涉及多种因素，且因素之间存在多维联系。生涯决策理论中的认知信息加工理论在一定程度上将生涯决策这一复杂性、综合性过程人为地分割为五个环节或步骤，从而把个体生涯决策过程简单化和机械化。

---

[1] 金树人.生涯咨询与辅导［M］.北京：高等教育出版社，2007：203-210.

[2] 张春兴.知之历程与教之历程：认知心理学的发展及其在教育上的应用［J］. 教育心理学报，1988（21）：17-38.

（四）特质因素理论

1. 理论概述

弗兰克·帕森斯的特质因素理论又称人职匹配理论，是最早的职业辅导理论。帕森斯认为，个体有自己独特的人格模式，每种人格模式都有其相适应的职业类型。这里所说的"特质"，包括个体的能力倾向、兴趣、价值观和人格等，均可被心理测量工具所衡量。"因素"则指的是在工作上要取得成功所必备的条件或资格，这一点可通过对工作的分析来了解。

帕森斯还认为，职业选择行为有三个步骤（也称为帕森斯的三要素），即特性、因素和人职匹配。这三个要素构成了特质因素论的理论核心点：①认识自己，包括自己的身体状况、能力、兴趣、性格、价值观念、学历成绩、工作经历等，以及各方面的限制；②认识工作世界，分析各类职业所要求的工作条件；③对自己以及工作世界两方面的所得资源进行适当的推理，找出两者之间的关系，并做出适当的配合。

2. 价值点

帕森斯的特质因素论认为，每个人都有稳定的特质，职业也有稳定的因素。个体在选择职业时，需要有清楚的自我认知，了解职业"全景"，进而选择与个人匹配的职业。其核心思想强调了个别差异现象和认识世界的重要性。前者影响了各类心理测验及评量工具的发展，后者则推动了职业资源的分类与建立。

3. 局限性

帕森斯认为个体的生涯目标是单一的，且一个人的一生只能有一个适合自己的正确目标。但事实上，一个人是可以有很多适合自己的目标的。

此外，该理论过于强调内在特质因素的影响，而忽视了外部环境的影响。

（五）社会学习理论

1.理论概述

基于社会学习理论，克朗伯兹认为，有四种关键因素会影响我们的生涯决定：

（1）遗传和特殊能力

遗传是一些会限制我们自由选择的特质，如种族、性别、外在仪表特征等；特殊能力指的是我们在环境中习得的兴趣和能力，如智力、音乐能力、身体协调能力等。

（2）环境条件

环境条件主要指影响教育和职业的外在因素，如工作机会、家庭影响、物理环境影响（如台风、地震）、相关法律政策等。

（3）学习经验

学习经验包括工具式学习经验（操作性条件反射学习）和联结式学习经验（经典条件反射学习）。

工具式学习经验中涉及三个重要因素：前因、行为（外显或内隐）和结果（强化或惩罚）。我们的某个行为如果导致了一个"好"的结果，那么我们倾向于学习该行为，使得该行为的发生率提升。例如，工作认真被老板看到并得到了额外奖金，将来你会倾向于表现出更多的认真工作的行为。

联结式学习经验指的是原本中性的刺激和那些社会因素使得个人产

生积极或消极情绪反应的刺激同时出现，所产生的联结使得中性的刺激也获得了意义。例如，孩子第一次在爸爸面前展示他的画作（展示画作是中性刺激），而爸爸当天因为在公司受气就对孩子发火（使孩子产生消极情绪反应的刺激），孩子自此不敢再在爸爸面前展示他画的画（中性刺激被"赋予"了消极意义）。

（4）完成任务的技能

完成任务的技能包括个体解决问题的能力、工作习惯、工作或行为的价值与标准、知觉和认知的历程。

2. 价值点

社会学习理论强调生涯辅导不只是个体特质与工作的匹配，个体应该参与不同性质的活动，以获得多样化的学习经验、拓展个人兴趣，进而培养自我信念和世界观。该理论将社会学习的概念纳入其中，弥补了其他生涯辅导理论的不足。

3. 局限性

社会学习理论过于强调同一年龄段的职业特征、职业需求和职业发展任务的相似性，忽略了在生涯发展过程中的自我不匹配情况，比如理想自我和现实自我的不统一。

（六）心理动力理论

1. 理论概述

美国心理学家鲍丁、纳奇曼、施加等人提出了"心理动力论"。该理论关涉职业选择和职业指导，强调了个人内在动力和需要等动机因素在个人职业选择中的重要性。其中，职业指导的重点是"自我功能"的增强。当心理问题获得解决时，其他包括职业选择在内的日常生活问题也将得到顺利的解决，且不再需要加以指导。

2. 价值点

心理动力理论吸收了精神分析学派、特质因素论的优势，弥补了个人深层心理需要被忽略的缺陷。同时，该理论提倡总结过往经验、总结职业需求点、指导未来生涯规划；强调深入研究职业资源，使个体需求的满足最大化，为获得满足感提供更为完备的思考模式。

3. 局限性

该理论过于强调内在因素，对可能影响职业选择的外在因素略而不谈，甚至假定个人有自由选择职业的机会。在分析具体职业与需要满足的方式上，该理论多偏向低层次需要的满足，几乎没有涉及高层次的需要。

（七）体验式学习理论

1. 理论概述

以大卫·科尔布为代表的研究者提出了体验式学习理论。体验式学习理论认为，学习者通过实践来认识周围事物。体验式学习要求学习者完完全全地参与学习过程，成为课堂的主角。体验式学习体现了以学生为本的教学和学习过程。体验式学习理论生成了一种学习循环模型，并在体验式活动中又能发现新的知识，再次循环……该模型有四个核心步骤：一是实际体验学习过程，二是对学习进行观察和反思，三是对学习的抽象概念进行归纳，四是在新环境中积极试验新概念的含义。

2. 价值点

不同于以往的学习过程和模式，在体验式学习过程中，教师不是一味地单方面传授知识，而是利用那些可视、可听、可感的教学媒体努力为学生做好体验前的准备工作，激发学生的学习动力，使他们愿意并渴望全身心地投入学习过程。在体验式学习过程中，学生能够积极接触学习内容、运用所学知识，在亲身体验过程中完成学习任务。

3. 局限性

体验式学习无论是对教师还是学生，都有诸多困难需要克服。例如，很多教师在体验式学习的教学过程中，不知道从何下手，也很难掌握教学的重难点；对于学生来说，体验式学习可能使其无法完成较为体系化的学习。另外，体验式学习对教学效果、学习效果的评价也提出了挑战——传统的标准化测评工具无法满足对体验式学习效果的检验。

（八）家庭系统理论

1. 理论概述

家庭系统理论是由美国著名心理治疗专家默里·波文提出，并由他和助手米切尔·E. 科尔完善的"一种关于人类情绪活动与交往行为的理论"[1]。该理论将家庭看作一个系统、一个完整的情绪单位，家庭成员作为系统中的一部分，他们的情绪是相互作用的，因此，某一家庭成员的情绪表现和问题行为都与其所在的家庭系统有密切关系。家庭系统理论不仅

---

[1] 张志学. 家庭系统理论的发展与现状 [J]. 心理学探新，1990（1）：31-34+20.

指出家庭是一个系统，还是一个复杂的关系网络，包括亲子关系、夫妻关系、手足关系等。目前，家庭系统理论已经得到了进一步的丰富和完善，张志学用自我分化、慢性焦虑两个变量和三角这个核心概念对家庭系统理论加以说明，进一步明确了家庭系统中个体与整个家庭以及家庭成员之间的密切关系。[1]

2. 价值点

"在家庭系统理论的指导下，许多研究证明孩子的抑郁、攻击性强、强迫症等心理行为问题均与其家庭有关。因此，父母应该为孩子提供一个健康、温馨的原生家庭，实现家庭系统的良性循环。"[2]

3. 局限性

家庭系统理论侧重家庭教育的整体性和系统性，强调外在环境或因素对孩子发展的影响或干预，在一定程度上忽视了孩子发展的内在因素或内驱力，在处理孩子发展的内在因素和外在因素方面存在相应局限或不足。

（九）交叠影响域理论

1. 理论概述

20世纪80年代末，美国霍普金斯大学的全美家校合作联盟研究中心主任兼首席科学家爱普斯坦教授在布朗芬·布伦纳等人的生态系统理论和布迪厄的社会资本理论基础上，以中小学校以及家庭和社区为研究对象，

---

[1] 吴雨薇.论原生家庭对个体发展的影响——从家庭系统理论出发［J］.泉州师范学院学报，2017（3）：88-92.

[2] 刘梦月.小学家庭教育指导实施现状调查研究——以石家庄市部分小学为例［D］.石家庄：河北师范大学，2020：15.

提出了交叠影响域理论。该理论以"关怀"为核心，研究学校、家庭和社区的伙伴关系，并通过发展这种伙伴关系改善学校计划和氛围，为家庭提供服务和支持，提升家长的教育能力，为教师工作提供帮助，最重要的是引导、激发所有青少年取得成功，使其受益。交叠影响域理论分为内部、外部两个模型。在外部模型中，学生学习和成长的三个主要环境分别是家庭、学校和社区，它们可能相互独立，也可能结合在一起并进行许多高质量的交流与互动，但无论如何都是以学生为中心。在三者不断互动的过程中，更多的学生将有可能从不同的人那里得到关于学校、努力学习、创造性思维、相互帮助和留在学校的重要性的共同信息。该理论还指出，学生的年龄、三者之间的交流情况等因素的变化都会影响交叠区域的大小。除此之外，爱普斯坦还总结了基于交叠影响域理论的实践机制，即六种家校合作类型：当好家长、相互交流、志愿服务、在家学习、决策制定和与社区协作。[1]

2. 价值点

交叠影响域理论让我们认识到，学生的成功不仅取决于自身的天赋和努力，而且与其所在家庭、学校和社区的交流、互动情况也有极大关系。其中，学校在三者之中对学生的发展、教育具有主导作用。[2] 因此，学校更应该通过多种方式加强与家庭和社区的联系，充分发挥教育合力。不仅如此，爱普斯坦所提出的六种家校合作类型也为学校和家庭提供了具体

---

[1]　EPSTEIN J L. School/family/community partnerships：caring for the children we share [J]. Phi Delta Kappan，2010，92（3）.

[2]　张俊，吴重涵，王梅雾，等 . 面向实践的家校合作指导理论——交叠影响域理论综述 [J]. 教育学术月刊，2019（5）：3-12.

的实践借鉴。

3. 局限点

交叠影响域理论高度强调学校、家庭和社会三者之间的互动关系，特别突出学校教育的主导性作用。但从现实来看，在孩子的成长发展中，孩子是主体，而学校、家庭和社会都具有主导性，没有主次之分。

（十）嬗变学习理论

1. 理论概述

麦兹罗的嬗变学习理论（Transformational Learning）是成人教育的重要理论。这一理论是麦兹罗于1978年在对重新进入学校学习的妇女进行的一项全国性研究中总结的，其主要对成人阶段独特的学习特征进行了分析，即成年人在经过一系列学习之后，在思想意识、角色、气质等方面实现自身及周围人可以感觉到的显著变化。[1]

由于受社会文化、家庭教育者和监护人观念的影响，人们很少会质疑其世界观背后的假设，只有当某人生活中出现一些重大突发事件使其无法从自身的观念系统中寻求合理解释，陷入无所适从的境地时，才会出现嬗变学习。麦兹罗将孩子出生、离婚、失业等看作重大突发事件，并称其为"迷惘困境"（Disorienting dilemmas）。一旦处于此种状态，成人教育工作者可以通过批判式反思、与处于同样困境的人交流新认识、采取行动三个过程获得比先前更宽广、更具有包容性的新视野，以提升其思想意识。

---

[1] 王海东.美国当代成人学习理论述评［J］.中国成人教育，2007（1）：126-128.

麦兹罗认为，帮助成人实现他们的潜能，使其更自由、更有社会责任感和成为自主学习者是成人学习的最高目标。[1]

2. 价值点

嬗变学习理论可以很好地解释家长主动寻求有关家庭教育的指导。成年人在为人父母后，角色发生转变，家庭结构发生变化，经济负担加重，此时的父母处于迷惘的困境之中，麦兹罗认为这是一个很好的学习机会。当发生这种突发事件或重大事件时，他们才会发现原有的认识和观念已经不能再合理地解释新现象，进而才会重新思考自己的世界观和价值参考体系。此时，父母会选择在成人教育工作者的帮助下通过不断的学习、交流、反思与实践，实现最终的嬗变，以便更好地扮演自己的角色。父母可能是我们每个人成人后都会扮演的一个重要角色，身为家长，给子女一个温馨、健康的家庭是我们义不容辞的责任，因此，我们每一位家长都需要接受专业的家庭教育指导，不断学习有关生涯教育和家庭教育的知识、技能，做一名合格的家长。[2]

3. 局限点

嬗变学习理论从外在突发事件或重大事件的发生来阐释家长主动学习或接受指导的动机，但该理论建立于人性假设之上，着重强调家长在破解困境方面的自我控制，但一定程度上淡化甚至忽视了控制的方向和方法。

---

［1］　王海东. 美国当代成人学习理论述评［J］. 中国成人教育，2007（1）：126-128.

［2］　刘梦月. 小学家庭教育指导实施现状调查研究——以石家庄市部分小学为例［D］. 石家庄：河北师范大学，2021：7.

中

实践篇

我国生涯教育与家庭教育共成长概况审视

部分发达国家生涯教育与家庭教育经验模式及启示

第四章 我国生涯教育与家庭教育共成长概况审视

生涯教育是一种连续不断的教育过程，体现了终身教育理念，最终目的是让个人过上适合自身特点的美满生活。其不仅仅存在于个人生活的某一阶段，而是贯穿于个人的整个人生过程，学校、家庭、社会、工作场所等均是生涯教育的重要场所。进入 21 世纪，尤其是党的十八大以来，在党和政府的高度重视与持续关注下，在学校、家庭及社会各方力量的共同努力下，以培育职业素养为导向的生涯教育与家庭教育共成长进入新的发展阶段。

一、生涯教育与家庭教育共成长发展现状

（一）生涯教育和家庭教育共成长成为推动素质教育、学生发展核心素养培养和"双减"政策等决策部署落实落地的具体行动

教育要想使人们生活得更加美好，让每个人做最好的自己，重要举措之一就是实施素质教育。1994 年，中央文件首次使用"素质教育"的概念，并强调素质教育是当今教育所迫切需要的。1997 年 10 月，国家教育委员会颁发的《关于当前积极推进中小学实施素质教育的若干意见》明确提出："素质教育是以提高民族素质为宗旨的教育。它是依据《教育法》

规定的国家教育方针，着眼于受教育者及社会长远发展的要求，以面向全体学生、全面提高学生的基本素质为根本宗旨，以注重培养受教育者的态度、能力，促进他们在德智体等方面生动、活泼、主动地发展为基本特征的教育。素质教育要使学生学会做人、学会求知、学会劳动、学会生活、学会健体和学会审美，为培养他们成为有理想、有道德、有文化、有纪律的社会主义公民奠定基础。"[1] 该文件将区域性的素质教育实践推向高潮。全国范围内义务教育的基础教育改革启动，随后全面实施新课程，践行了素质教育理念，为真正地培养出"有理想、有道德、有文化、有纪律"、德智体美等全面发展的社会主义事业建设者和接班人奠定了基础。

2016年9月，《中国学生发展核心素养》研究成果发布，其以培养"全面发展的人"为核心，分为文化基础、自主发展、社会参与三个方面，综合表现为人文底蕴、科学精神、学会学习、健康生活、责任担当、实践创新六大素养（见图4-1）。由此可见，核心素养培养的推动与落实依赖于日常学校教育的方方面面，需要融入学校教育的各个环节之中；而生涯教育则关注学生的全面、健康、个性发展，旨在培养适应当下和未来社会的人才，陪伴学生成长为更好的自己，而且生涯教育能够更好地弥补过去教育体系中对学科知识学习、成绩的过多关注，引导学生认识自己，认识社会，寻找学习的意义，探寻人生发展的方向。换言之，生涯教育与学生发展核心素养培养所倡导的育人理念、方式和目标等均不谋而合。

---

[1]　国家教育委员会. 国家教育委员会关于印发《关于当前积极推进中小学实施素质教育的若干意见》的通知［Z］. 1997-10-29.

图 4-1 《中国学生发展核心素养》提出的学生发展核心素养整体架构

2021 年 7 月，中共中央办公厅、国务院办公厅印发的《关于进一步减轻义务教育阶段学生作业负担和校外培训负担的意见》，直接提出"为深入贯彻党的十九大和十九届五中全会精神，切实提升学校育人水平，持续规范校外培训（包括线上培训和线下培训），有效减轻义务教育阶段学生过重作业负担和校外培训负担（以下简称'双减'）"[1]。该文件特别强调要"坚持学生为本"，为素质教育提供了核心指导；要"减轻家长负担"，为家庭教育参与孩子的素质教育提供了可能。"双减"政策严令禁止"给家长布置或变相布置作业""要求家长检查、批改作业"；明确限定学生的作业量"小学三至六年级书面作业平均完成时间不超过 60 分钟，初中书面作业平均完成时间不超过 90 分钟"；倡导科学利用课余时间，"学校和家长要引导学生放学回家后完成剩余书面作业，进行必要的课业

---

[1] 中共中央办公厅，国务院办公厅．中共中央办公厅 国务院办公印发《关于进一步减轻义务教育阶段学生作业负担和校外培训负担的意见》［Z］．2021-07-24.

学习，从事力所能及的家务劳动，开展适宜的体育锻炼，开展阅读和文艺活动"，还鼓励家长"积极与孩子沟通，关注孩子心理情绪，帮助其养成良好学习生活习惯"。

由此可见，党和政府深入推进素质教育、培育学生发展核心素养、切实减轻义务教育阶段学生作业负担和校外培训负担的决心和力度。不论是素质教育还是"双减"政策，都不赞成学生仅发展学科学习能力，而是呼吁学生德智体美劳五育并举，倡导家庭教育减少对孩子学业成绩的特别关注，能用更多的时间和精力去培养孩子的全面发展。因此，以培育职业素养为导向的生涯教育和家庭教育的深入推进，势必会积极推动素质教育、学生发展核心素养培养和"双减"政策等决策部署更好地落实落地。

（二）生涯教育和家庭教育共成长逐渐成为教育发展新定位

2014 年 9 月，《国务院关于深化考试招生制度改革的实施意见》明确提出："把促进学生健康成长成才作为改革的出发点和落脚点，扭转片面应试教育倾向，坚持正确育人导向，践行社会主义核心价值观，深入推进素质教育，培养德智体美全面发展的社会主义建设者和接班人。"[1] 该文件的颁布拉开了考试招生制度改革的序幕，这也是我国恢复高考以来最为全面和系统的一次考试招生制度改革。

"2017 年底，教育部出台的普通高中课程方案中明确了高中教育的新定位，即'三适应一奠定'：促进学生适应社会生活，适应高等教育，适应未来职业，奠定每个学生的终身发展。文件要求在高中阶段就要引导学

---

[1]　国务院.国务院关于深化考试招生制度改革的实施意见［Z］.2014-09-03.

生进行面向未来职业的规划。同时，高考高招改革倒逼学生需要提前规划未来。《国务院关于深化考试招生制度改革的实施意见》提出，要体现科学高效，提高选拔水平，增加学生选择权，促进科学选才。同时，还进一步扩大了高校的自主权，通过构建综合素质评价和多元录取机制，增加高校招生录取的自主权。这种新的考试招生模式正在倒逼学校指导学生更多地认识自我与社会，谋划学业与职业方向。高中课程改革带来的选课走班也促使学生将学业选择与未来职业进行强关联。各地陆续推进的新高考改革赋予了学生充分的科目选择权，从高一开始就要形成三年完整的学业修习计划，并参考大学各专业招生所指定的科目进行专业选择。不难看出，在高中阶段积极推进生涯规划教育已经成为学段发展的刚需。"[1]

教育部官网显示，截至 2021 年，全国已经有 14 个省份分三批启动了高考综合改革。高考综合改革的重点包括：①立法规定职业教育与普通教育同等重要，以促进人才合理分流和配置；②加强学生综合素质评价，促进学生全面发展；③"强基计划"聚焦国家重大战略，选拔基础学科拔尖创新人才；④为学生成长成才提供多次选拔机会，维护考试招生的公平公正。

从一系列的改革举措不难看出，中国的教育体系已经迎来了深刻的变化，教育的本质回归到了促进德智体美劳综合素质全面发展的方向；高考改革取消文理分科，使家长和学校培养人才的关注点不再是单纯的学科成绩，而是转向了各方面均衡发展、综合素质全方位提升的人才培养目标。

---

[1] 王凯. 高中阶段应尽早开展职业生涯规划 [J]. 中国教育报，2019-11-14 (2).

由此可见，新高考时代更需要学生做好生涯规划。

可见，终身发展、未来职业、提前规划等关键词逐渐进入大众的视野。但是，中国青少年研究中心对中美日韩的有关调查数据显示，约40%的学生不了解或不完全了解自己的个性、兴趣与能力。反观在职业生涯教育方面走在前列的国家，英国中学的生涯教育包括自我与生涯认知、职业基础知识和实践性学习。如英国协和学院会给学院所有的学生在普通中等教育证书考试高级水平课程中进行职业生涯指导，包括三小时的谈话、心理测试和性格测试，通过测试帮助学生科学认知自我，测试的结果将作为学生未来大学专业选择和职业选择的重要依据。

目前，我国已有的职业生涯教育实践中，针对大学生的课程比较多，针对中学生的职业认知教育课程比较少，所以，在日新月异的时代发展背景下，中国亿万家长群体中的每一个人都应深刻地意识到终身学习的重要性，家长们在调整与校正自身生涯发展节奏的同时，也要对标思考新一代的教育逻辑与培养模式。

（三）生涯教育和家庭教育共成长成为加快构建服务全民终身学习的现代教育体系的重要内容

终身教育作为一种思想引领和发展方向，已经深深融入我国教育改革发展之中，并成为现代化教育体系建设的重要内容。终身教育概念最早由英国学者史密斯提出，由B. A. 耶克斯利倡导使用，直至20世纪60年代法国著名成人教育家保尔·朗格朗才明确"终身教育"概念的含义，其认为"终身教育是一系列很具体的思想、实验和成就，是完全意义上的教育，包括了教育的各个方面和各项内容，从一个人出生的那一刻起一直到生命终结时为止的不间断发展，包括教育各发展阶段各个关头之间的有机联系"[1]。保尔·朗格朗就终身教育的未来发展提出如下五项基本目标：一是（社会）要为人的一生（从出生至死亡）提供教育（学习）的机会；二是各级各类教育的实施必须进行协调与统合；三是对小学、中学、大学以及地区性的社会学校、地区性的文化中心等所发挥的教育功能，（政府或社会）应当给予大力的支持和鼓励；四是（政府或社会）应对类似工作日调整、教育休假、文化休假等针对本国公民的相关制度或相关举措的实施发挥促进作用；五是从根本上转变以往的教育观念，使终身教育理念渗透教育的各个领域。

笔者认为，终身学习的最终目的是"学会生存"，即学习者终身不断地自主学习与积极学习，努力追求人的"完成性"或个性的"完满性"。这种"完成性"或"完满性"并非来自外在的规定，而是源自学习者内在的自觉与自为，且这种结果因个体和时代的不同表现出无限的丰富性与可能性。

2021年3月31日，国务院新闻办公室举办新闻发布会，就深入贯彻"十四五"规划，加快建设高质量教育体系有关情况进行了介绍。教育部副部长宋德民在新闻发布会上表示，"十四五"时期将完善服务全民终身学习的教育体系，多渠道扩大终身教育资源，更好地满足不同群体多元化学习需求。

---

[1] 朗格朗.终身教育引论［M］.周南照，陈树清，译.北京：中国对外翻译出版公司，1985：53.

由此可见，全民终身学习为个性化的生涯规划与发展提供了多渠道、多元化的教育资源与学习机会，同时也增加了个体在进行学习目标定位、选择个性化培养方式与方法等方面的难度，生涯规划可以帮助每个人以个体为本，就最适合个体发展的个性化学习方向、方式与方法进行分析与规划，实现真正的因材施教、个性化发展。

（四）生涯教育和家庭教育共成长成为"双一流"高校招生和"双高计划"等政策的关注焦点

"双一流"（世界一流大学和一流学科）高校招生政策充分表明，以培育职业素养为导向的生涯教育和家庭教育开展得越早越好。2015年10月，国务院印发的《统筹推进世界一流大学和一流学科建设总体方案》明确指出，"建设世界一流大学和一流学科，是党中央、国务院作出的重大战略决策"，制定该方案的目的是"统筹推进世界一流大学和一流学科建设，实现我国从高等教育大国到高等教育强国的历史性跨越"[1]。2020年1月，教育部发布的《关于在部分高校开展基础学科招生改革试点工作的意见》（也称"强基计划"）提出，不再组织开展高校自主招生工作，并公布了36所强基计划试点高校名单。[2] "强基计划"聚焦国家重大战略需求，积极探索多维度的考核评价模式，着力解决自主招生中的突出问题，逐步建立起基础学科拔尖创新人才选拔培养的有效机制。在2021年，

---

[1]　国务院.国务院关于印发统筹推进世界一流大学和一流学科建设总体方案的通知[Z].2015-11-05.

[2]　教育部.教育部关于在部分高校开展基础学科招生改革试点工作的意见[Z].2020-01-15.

至少有 30 所"双一流"高校的招生计划同比有所增长，涨幅高达 70%，扩招趋势明显。从以上政策文件与招生数据不难看出，"双一流"政策的公布无疑为家长与学子们提供了更有层次、更清楚明确的学业规划与生涯发展方向。对于基础学科拔尖的学生来说，"强基计划"的试点高校是最佳的选择；对于综合成绩优异的学生来说，一流大学建设高校则是最优的选择；而对于有明确学科特长以及职业发展定位的学生来说，一流学科建设高校将是最佳选择。

"双高计划"带动的更多职业机会充分表明学生学业规划越早越好。2018 年 9 月，国务院印发《关于推动创新创业高质量发展打造"双创"升级版的意见》，通过打造"双创"升级版，创新创业环境将进一步得到优化，创新创业成本得到大幅降低，创业带动就业能力将有所提升。2019 年 1 月，国务院印发的《国家职业教育改革实施方案》（简称"职教 20 条"）揭开了职业教育改革的序幕。同年 12 月，教育部、财政部公布了中国特色高水平高职学校和高水平专业建设计划名单，简称"双高计划"。"双高计划"被誉为职教版的"双一流"，"双高计划"与普通本科院校的"双一流"建设一起，成为推动我国高等教育发展的两个强大"引擎"。在 2021 年 4 月召开的全国职业教育大会上，习近平总书记对职业教育工作做出了重要指示，强调"在全面建设社会主义现代化国家新征程中，职业教育前途广阔、大有可为"，要"加快构建现代职业教育体系，培养更多高素质技术技能人才、能工巧匠、大国工匠"。[1] "双高计划"政策带给学生们的不仅仅是更多的在校实践与择业机会，还包含了企业家素养的提

---

[1]　习近平对职业教育工作作出重要指示［Z］. 2021-04-13.

升以及创业能力的培养。通过引企入校、校企合作、产教融合等一系列措施，学生们获得了更多的在校创新、创业机会。这一系列的改革政策虽然看上去是对高考以及高校层面的改革，但如果站在教育从业者以及家长的立场上来看，高考制度改革影响的不仅是高中阶段，更启示了家长和学校在小学、中学时就应该根据孩子的特长，帮助孩子提前制定更精准的生涯目标，构建更适合孩子特点的学业以及职业规划。

（五）生涯教育和家庭教育共成长符合我国《家庭教育促进法》精神意旨

2021年10月，第十三届全国人民代表大会常务委员会第三十一次会议通过的《中华人民共和国家庭教育促进法》提出："家庭教育应当符合以下要求：（一）尊重未成年人身心发展规律和个体差异；（二）尊重未成年人人格尊严，保护未成年人隐私权和个人信息，保障未成年人合法权益；（三）遵循家庭教育特点，贯彻科学的家庭教育理念和方法；（四）家庭教育、学校教育、社会教育紧密结合、协调一致；（五）结合实际情况采取灵活多样的措施。"[1] 可见，从家庭教育方面入手，站在全面发展教育视野下关注孩子的生涯发展问题，既符合当前的国家政策要求，也能满足孩子全面发展、终身发展的现实需要。

想要从生涯教育和家庭教育共成长方面入手，帮助孩子解决生涯发展中遇到的种种问题，就亟须一批深耕家庭教育的研究专家、来自社会各个

---

[1]　第十三届全国人民代表大会常务委员会. 中华人民共和国家庭教育促进法[Z]. 2021-10-23.

领域的骨干精英、拥有教育情怀的企业家、来自幼小初高中各类学校的一线校长和特级教师，以及一批拥有丰富家庭教育心得与经验的家长，还需要一批善于总结学习经验与方法的优秀学子。这些专业的志愿者可以组成"家长教育研究与发展智库"，协同促进儿童青少年的生涯规划发展。

生涯教育和家庭教育共成长成为指导和帮助家长走出误区、担当孩子教育责任的重要抓手。

在孩子成长过程中，不少中国父母有焦虑情绪的困扰，其中，教育问题已成为家长焦虑的首要问题。家长希望在教育上给予孩子尽可能多的投入，希望孩子能有一个美好的前途。而在这一过程中，许多家长的内心充满焦虑感。调查显示（见图4-2），68%的家长对孩子的教育感到"比较焦虑"或"非常焦虑"，仅有6%的家长不焦虑。其中，幼儿和小学阶段的儿童的家长最焦虑。[1]

---

[1] 智课教育家长成长研究院.中国家长教育焦虑指数调查报告［EB/OL］.
（2018-09-16）. https://www.docin.com/p-2140723401.html&dpage=1&key=%E7%84
%A6%E8%99%91%E6%80%8E%E4%B9%88%E6%B2%BB&isPay=-1&toflash=0&toImg=0.

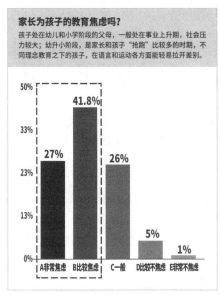
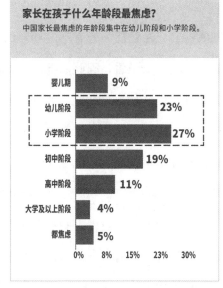

图4-2 中国家长教育焦虑指数情况

当前我国父母对孩子的生涯教育特别是生涯规划存在认知偏差。目前，家长普遍认为，学生的第一要务是备战高考，高考决定了人生；有些家长甚至错把高考志愿填报规划当作生涯规划、学业规划，甚至是职业规划。在选择高考科目和填报高考志愿时，部分家长往往仅凭个人经验、孩子的成绩数据、道听途说的高考建议、专业热门程度的排名等方式，就做出孩子在高考阶段的升学规划。从孩子整个生命周期的成长轨迹来看，这种做法是非常不科学、不严谨和不专业的。因为选科规划关系着孩子今后求职就业的人生轨迹，家长在帮助孩子做学业规划时，看似只是应对高考这一件事，但其实是家长在与孩子共同完成纵贯孩子一生的生涯蓝图设计。父母是家庭教育的主体，更是孩子人生成长与发展的总规划师。父母不应仅关注孩子的升学择校规划，更要站在全生命周期的视角，关注孩子的整个生涯发展。面对当前教育中的一系列改革举措，家长的认知能力、判断能力、专业能力皆有不足，导致其需要解决层出不穷的新问题、应对应接不暇的新矛盾。因此，亟须针对家长群体提出更专业的、更权威的、更及时的、更有效的解决方案，以期提升家长们的教育能力。

此外，我国家长在家庭教育中还缺乏专业指导，面临现实瓶颈。一是家长在家庭教育中急需专业指导。《2021中国家庭教育白皮书》调查结果显示，"80后""90后"的父母对家庭教育越来越重视，但这种重视与家长自身的不专业性之间存在矛盾。在被调查的家长群体中，有62%的家长认为最重要的教育方式是家庭教育，但他们对自身的角色认知不够全面、相关知识的专业性也不达标，急切需要获得进一步的指导和规范。二是家长在家庭教育中遇到"选择困难"问题。随着家长教育的普及、父母教育素质的不断提高，国家和社会对家长教育指导提出了更高的要求。特别是在社会急剧变化、新问题和新矛盾层出不穷的今天，家长在遇到家庭教育的困境时，需要更为专业的解决方法。从图4-3可以看出，父母的教育主体意识不断增强，需要更多专业的人才进入家庭教育领域，才能为家长们提供更科学、更专业的指导。家长对孩子的教育认知不足，容易被一些似是而非的观点牵着鼻子走，因此更加需要专业的生涯规划指导。由于受到传统应试教育的影响，大多数家长注重智育，对学生的品德、性格及行为习惯缺乏科学正确的教育方法，导致家庭教育出现偏差。三是家长在家庭教育中的责任虚化或定位出现偏差。在遇到家校矛盾、家庭矛盾时，许多家长把矛头指向学校，认为责任应由学校承担，不能正确认识自身在孩子学习过程中的角色和职责，不能正确处理家庭与学校、社会之间的关系。

总之，家长在家庭教育中出现的认知偏差、教育焦虑、责任虚化、专业知识匮乏等问题，通过以职业素养为导向的生涯教育和家庭教育，都将得到科学解决。[1]

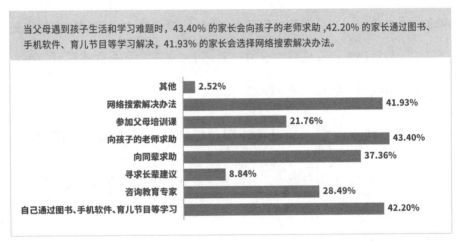

当父母遇到孩子生活和学习难题时，43.40% 的家长会向孩子的老师求助，42.20% 的家长通过图书、手机软件、育儿节目等学习解决，41.93% 的家长会选择网络搜索解决办法。

*数据来源：《2021中国家庭教育白皮书》

图4-3 当前我国家长遇到孩子生活和学习难题时的处理方式情况

二、当前生涯教育和家庭教育共成长存在的局限

总体来看，当前我国生涯教育与家庭教育共成长仍存在发展短板或局限，主要表现为：

---

[1] 智课教育家长成长研究院.中国家长教育焦虑指数调查报告［EB/OL］.（2018−09−16）. https://www.docin.com/p-2140723401.html&dpage=1&key=%E7%84%A6%E8%99%91%E6%80%8E%E4%B9%88%E6%B2%BB&isPay=−1&toflash=0&toImg=0.

（一）整体起步较晚，发展不全面、不协调、不充分、不持续

我国生涯教育整体起步较晚，没有形成较为完善的教育体系。这导致很多高中生和大学生对未来发展感到迷茫。生涯教育与家庭教育共成长的发展还不全面、不协调、不充分，有很多急难愁盼的问题亟待解决。如：区域之间、学校之间、群体之间等存在较大差距；生涯教育和家庭教育融合仍处于浅层，尚未形成强大合力；无论是生涯教育还是家庭教育，在育人方面作用发挥不够充分和持续。

（二）覆盖面窄，片面关注职业规划教育或高考选科指导

从现有的资料分析来看，生涯教育主要集中在普通高中阶段（通常与高考志愿填报相关）以及高等教育阶段。在普通高中阶段，学生方面主要表现为制定学业生涯规划处于被动状态，积极性差；家长方面主要表现为对学业生涯规划概念模糊，家庭教育没有取得一定的成效；学校方面主要表现为开展学业生涯规划教育的形式比较单一，不够丰富。[1]这在很大程度上人为窄化了生涯教育的丰富内容和深厚意蕴，也与生涯教育的思想理念和价值取向不够贴合。生涯教育和家庭教育共成长，绝不等同于职业规划教育、职业技能教育等。

（三）实施学段有限，主要集中在普通高中阶段和高等教育阶段

实施学段有限是片面关注职业规划与高考选科指导的不良后果之一。

---

[1] 练方钧.新高考背景下普通高中学业生涯规划教育研究——以温州市泰顺县普通高中为例[D].桂林：广西师范大学，2021.

如果只关注当下的教育与选择，仅能做到"头痛医头、脚痛医脚"；而我们需要做的是将我国生涯教育的端口前移，"使中小学生能尽早接受职业启蒙教育，更科学地规划人生"[1]。生涯教育是纵贯个体一生的有目的、有计划、有系统的育人活动，仅仅将其聚焦到普通高中阶段和高等教育阶段，显然是不符合生涯教育和家庭教育共成长的价值主张和理念意涵的，同时也违背了教育规律和学生身心成长的规律。

（四）参与机构单一，相关体制机制不健全，有效支持资源不足

目前的生涯教育与家庭教育共成长尚在探索阶段。少数发达地区的重点学校建立了指导中心，配备了相关专业的老师，开设了相关的课程。但总体而言，学校、家庭和社会等主体深度推进生涯教育和家庭教育共成长的体制机制缺乏，相关管理不够规范，有效支持资源不充足。如：缺少足够的专业指导人员，缺少专业的指导教材或培训资料，缺少配套的活动场所设施，等等。

（五）区域职业启蒙教育仍存在一些问题与不足

即便现在已经有了职业启蒙教育，但还是有一些问题与不足。例如，在中小学生职业启蒙教育服务体系构建中，发现区域职业教育存在资源分散、职业启蒙教育目标不明确、融通有限、沟通不畅、探索职业的多元需求不能满足等问题。这启示我们：在进行生涯教育与家庭教育时，需要注

---

[1]　孙宏艳.我国职业生涯规划教育应端口前移——基于中美日韩高中生职业生涯规划教育的研究[J].教育科学研究，2013（8）：52-57.

意充分利用优质充沛的职业教育资源；紧密联系学生认知能力和实际需要开发生涯教育课程，注重技术能力培养，时时紧扣职业启蒙教育目标；形成数量充足的、集中的、分类明确的、系统化的区域职业启蒙课程内容，使职业启蒙教育确实落地；注意统筹协调职普教育的需求，建立长期有效的职业启蒙教育；课程设计注重知行合一，增加动手实践的学习训练等。

（六）家长指导生涯教育效果不够显著

目前来看，家长指导生涯教育效果不显著体现在过度依赖学校教育、与孩子缺乏有效的沟通、忽略孩子的学习过程等方面。具体表现为：一是一些家长虽然比较重视孩子的生涯教育问题，但认为生涯教育是学校应该做的事，较少去主动了解生涯教育的相关内容，几乎未对孩子进行过生涯教育；二是一些家长对生涯教育似懂非懂，对相关政策和内容也是一知半解，根本不知该如何与孩子进行生涯教育方面的沟通，更不用谈对孩子进行专业的指导了；三是一些家长虽然会让孩子去接受生涯教育，也会主动询问孩子的生涯发展问题，甚至会对孩子的生涯发展提出相关建议，但这些往往都是在孩子已经制定好学业规划、做出生涯决策的前提下进行的，而在制定时家长并未给予太多帮助，所以家长进行生涯教育指导比较滞后，容易忽视孩子成长进步的过程。

三、当前生涯教育与家庭教育共成长局限的成因

尽管生涯教育的概念已经被提出来多年，也有众多学者对其进行了一定的研究，但从总体上看，我国各个学段的生涯教育仍然处于缺失的状态。

（一）部分主体对生涯教育与家庭教育重视程度不高

当前我国生涯教育与家庭教育共成长面临的诸多困难和挑战，与部分学校、家庭和社会机构对生涯教育与家庭教育重视程度不高有密切关系。受认知水平、传统观念和工作环境等诸多因素影响，部分学校、家庭和社会机构对生涯教育与家庭教育的认识还不够深，通常将其置于重点工作之外，相关资源配置和人员安排也就较为薄弱。这在较大程度上使得生涯教育与家庭教育处于虚化或边缘化位置。

（二）缺乏健全成熟的政策体系支持

在当前生涯教育背景下，不少即将步入社会的大学毕业生有"毕业即失业"的焦虑。随着新高考改革的稳步进行，人们逐渐对高中学科和职业规划进行了深入的思考与反思。发达国家的经验告诉我们，完善的法律和制度可以为生涯教育保驾护航。我国目前还未设定专门的法律法规保障生涯规划教育的顺利开展。各地学校是否开设相关课程，很大程度上取决于当地的经济实力和对生涯教育重要性的认识程度。这种认为生涯教育可有可无的外部环境，十分不利于生涯教育的开展。

生涯教育不能只靠学校单打独斗，也不能仅在课堂上进行书本教育，而是需要"请进来"和"走出去"。因此，需要构建成熟的政策体系，设立专门的生涯教育协调机构，统合当地丰富的教育资源，既做到丰富学校教育内容，又使当地企事业单位受益；还应出台鼓励政策，对那些积极为学生提供服务的单位给予一定的奖励；更要定期举办家长培训，充分调动家庭的支持力量。

（三）生涯教育价值功能被人为窄化

生涯教育在我国处于刚刚起步的阶段，相关的教育主要停留在对学生进行就业指导的层面上。1994年，劳动部颁布了《职业指导办法》，明确规定职业指导机构应该开展职业指导工作；1996年，《中华人民共和国职业教育法》明确规定各类职业学校应向学生提供职业指导；2002年，教育部出台了《加强职业技术学校职业指导工作的意见》。从这些文件可以看出，生涯教育的中心依然是职业指导，且其强调的个体自我生涯的意识与技能、综合职业能力的培养和发展也相对缺乏，无法满足从小学到大学的生涯教育需求。

（四）生涯教育认知差异普遍存在

观念是行动的前提。如果把升学作为教育的终极目的，那么就难以将生涯教育纳入义务教育阶段，且很容易将其当作职业学校的教育内容。

需要明确的是：①"生涯"不等于"职业"，生涯规划不是一蹴而就的，职业发展只是其中的一部分；同时，生涯规划也不应只有规划，还需要有实现的路径和落地的行动方案。②"职业教育"不等于"就业教育"，二者的混淆容易导致一些人片面强调职业的经济收入，将高收入、高福利、稳定的工作当作第一选择。

（五）融合生涯教育与家庭教育的专业人才匮乏

我国生涯教育比较缺乏专业的师资队伍。目前，许多高校开设的生涯指导相关课程没有专门的职业规划师，课程教师一般由其他教师来兼任，但他们往往缺乏相应的专业知识和技能。

在基础教育阶段，专业的生涯教育教师则更少。有关研究指出，我国的专职生涯教育教师比例不到教师总数的二成，有七成的班主任兼任生涯规划老师，部分学校的生涯规划教育课程直接由班主任或语文、思想品德等学科教师担任，或是聘任社会上各行各业的专业人士担任。[1]这些师资是当下生涯教育的主力，但生涯教育需要更专业的教师队伍。

同时，我国高校普遍未设置生涯规划教育专业，且缺乏稳定的师资培训渠道。自1999年实施职业指导师资格鉴定以来，我国约有30000人获得了职业资格证书。然而，其中高级职业指导师不足3000人，社会需求缺口较大。[2]与此同时，现有的职业规划师培养机构资质良莠不齐，无法保证专业教师的培养质量。

（六）家校社的资源贯通协同共育支撑体系缺乏

虽然早在2000多年前，孔子便提出了"因材施教"的理念，这应该是相当早的生涯规划教育思想，但国内出现真正的生涯规划指导却比国外晚得多。2012年，中国青少年研究中心、美国艾迪资源系统公司（Idea Resource Systems）、日本青少年研究所和韩国青少年开发院联合实施了中美日韩四国高中生毕业去向及生涯规划教育比较研究。结果显示，一些发达国家的生涯教育往往开始较早，且在生涯教育的制度保障、管理机

---

[1]　孙宏艳.我国职业生涯规划教育应端口前移——基于中美日韩高中生职业生涯规划教育的研究［J］.教育科学研究，2013（8）：52-57.

[2]　孙宏艳.国外中小学职业生涯规划教育：经验与启示［J］.中小学管理，2013（8）：43-46.

制、框架设计、师资配备、外部支持方面都有较为成熟的做法。尤其是家庭的启蒙，美国、日本、韩国的高中生普遍认为父母对自己未来选择的影响至关重要；但反观中国，家长们似乎更关心孩子学习。[1]

（七）相关问题反馈不及时、解决不到位

生涯教育与家庭教育共成长对个体发展影响如何，需要依靠个体职业素养水平、职业发展能力等结果作为反馈，而后从反馈中发现生涯教育与家庭教育共成长存在的合理之处及局限。从目前掌握的研究资料来看，生涯教育与家庭教育共成长存在的问题或局限，多数是累积性的，是生涯教育与家庭教育中的老问题。这充分表明，在生涯教育与家庭教育的推进过程中，利益相关者对相关问题反馈不够及时、解决不够到位，让一些"小问题"演变成"大问题"、"新问题"变成"老问题"。此时的生涯教育与家庭教育就成为无效教育。

---

[1] 孙宏艳.我国职业生涯规划教育应端口前移——基于中美日韩高中生职业生涯规划教育的研究[J].教育科学研究，2013（8）：52-57.

第五章

部分发达国家生涯教育与家庭教育经验模式及启示

生涯教育和家庭教育作为一项兼具提升学生综合素养、指导学生适性成长、培养多样化人才、促进就业创业等多种功能的教育方式，逐渐成为各国教育改革的重要内容。如何促进生涯教育和家庭教育高质量、创新性、特色化发展，已成为全球教育改革发展的共同议题。当前，世界上许多国家立足本国国情特色、经济发展水平、教育体制机制，对生涯教育和家庭教育进行了积极的探索和实践，取得了显著成效，积累了一定经验。对部分发达国家开展生涯教育和家庭教育工作的经验模式进行梳理和总结，并形成规律性认识和共性结论，将会对加强和改进新时代我国生涯教育和家庭教育工作具有积极的借鉴意义和启示作用。

一、部分发达国家生涯教育与家庭教育经验模式

（一）美国生涯教育与家庭教育经验模式

美国是开展生涯教育的先驱。1971 年，美国联邦教育总署署长马伦博士提出了一种新的教育观念——"生计教育"（职业教育），并颁布了《生计教育法案》。法案明确要求孩子从 6 岁开始接触职业发展教育，同时强调家庭教育的重要性，父母需要重点参与家庭教育。1975 年，肯尼斯·霍伊特在第一份全面解释生涯教育的官方文件《生涯教育入门：美国教育办

公室的政策文本》中明确指出"生涯教育是人们学习并准备其从事工作的全部经验"[1]。

在制度规划方面，在2019年《美国新闻与世界报道》中排名前100的高中的生涯教育有很多我们可以借鉴的地方。例如，这些高中生涯教育的主要目标包括但不限于聚焦生涯意识、掌握职业技能、关注升学指导、促进深度学习以及提高公民意识；不同类型的高中会形成个性与共性兼具的实施路径，且拥有行政政策支持、教育机构等专业行业和其他社会资源合作等有力保障；高中生涯教育具有贯穿全面与终身的理念、关注多元与核心的素养、整合多样与互补的实施路径以及调动丰富与优质的社会资源的特点。[2]

在师资培养方面，尼娅·纽厄尔在其文章中提出，生涯与技术教育教师可以作为学校生涯辅导咨询人员的重要补充力量，代替生涯辅导咨询人员为学生制定生涯规划、帮助学生进行生涯决策。[3]在她看来，生涯教育对学生尤为重要，因此生涯规划教育中的专职辅导教师更为重要，他们在生涯教育中是不可或缺的。美国迈阿密大学设有家庭教育专业，攻读该专业的本科生可以考取社会工作者（Social Worker）的资格证，将来从事社会工作。

---

[1] HOYT K B. Federal and state participation in career education：past，present and future [J]．Journal of career development，1982（1）：5-15.

[2] 何珊云，吴玥，陈奕喆．为了更好的工作还是更好的生活——美国前100名高中生涯教育实践的比较研究 [J]．比较教育研究，2021（6）：65-73.

[3] NEWELL E. Career counseling in urban public schools is critical today [J]．Techniques：connecting education & careers，2014（1）：11.

在立法保障方面，美国加州出台了诸如"立法保障生涯与技术教育的实施""建立生涯与技术教育的课程标准和框架""生涯与技术教育的教师资格认证及专业发展"等相关教育政策，以保证生涯教育的顺利进行。[1]

与此同时，美国学校教育机构也参与了学生生涯发展的联合行动。美国学校一方面在教育中积极渗透生涯教育理念，通过生涯咨询与辅导为学生一对一解惑，依托校内生涯学园（Career Academy）打造学生生涯软实力；另一方面，学校为学生提供研究探索与兴趣发展的自主空间，利用俱乐部、体验日的活动使学生各展所长。[2]

美国社会各界也纷纷助力学生的生涯发展。一方面，各专业行业与院校加强沟通交流，帮助学生找到自己在社会中的"一席之地"。例如，一所医学类特色高中——德巴克卫生专业高中（DeBakey High School for Health Professions）在课程教学方面与当地医疗行业建立了密切的合作关系。该学校要求所有学生选修为期一年的卫生科学技术课程。在此期间，学生需要定期前往得克萨斯医学中心进行观摩学习，与内外科医生进行面对面的交流，还有机会观摩医学中心的手术现场。[3] 这样的伙伴关系为学生对专业的认识提供了第一手资料，同时也为其专业素养的发展提供了

---

[1] FORUM A Y P. Infusing career and technical education into high school reform：lessons from California ［C］//American Youth Policy Forum.

[2] 何珊云，吴玥，陈奕喆. 为了更好的工作还是更好的生活——美国前100名高中生涯教育实践的比较研究［J］. 比较教育研究，2021（6）：65-73.

[3] MICHAEL E. DeBakey High School for Health Professions ［EB/OL］.［2021-11-05］. https：//www.houstonisd.org/DeBakeyHS.

得天独厚的条件。

（二）英国生涯教育与家庭教育典型做法

英国生涯规划教育的重点是帮助孩子发展自我职业决策能力和认识职业生涯规划对个体成长发展的影响。同时，英国学校定期举办对家长的培训活动，引导家长对孩子从小进行职业意识的培养，以锻炼孩子的独立能力。

在理论方面，早在 1977 年，比尔·劳与托尼·瓦茨就提出了生涯教育的 DOTS 内容框架，具体包括四个方面：学会做决定（Decision Learning）、发现机会（Opportunity Awareness）、学会转变（Transition Learning）与认识自我（Self Awareness）。[1] DOTS 为生涯规划教育具体课程的设置和开展奠定了理论框架的基础。英国利兹大学的皮特·道斯认为，生涯教育理论不仅需要服务于职业指导的实践，还应当成为课堂中生涯教育活动的基础。[2] 生涯理论教育不仅可以用来指导学生的就业实践，也是学生个体发展规划课程的基石。大卫·安德鲁斯在《学校的生涯教育：学校生涯教育发展的历史及对其未来政策、实践和可能性的批判性考察》一书中对生涯教育的发展历史、现状及未来发展方向进行了具体的论

---

［1］ LAW B, WATTS A G. Schools, careers, and community：a study of some approaches to careers education in schools ［M］. CIO Publishing for the General Synod Board of Education, 1977.

［2］ ANDREWS D. Careers education in schools：the history of the development of careers education in schools and a critical examination of policy, practice and possibilities for its future ［M］. Staffordshire：HighFlyers, 2011.

述[1]，对英国各个学段的生涯规划教育的发展历程进行了梳理，并提出了对未来的展望。

在实践方面，英国高校专门开设了生涯管理技能课程（CMS）。在生涯管理技能课程的教学体系中，学生是主体，学生的需求是课程开展的根本目的和方向。[2] 可见，生涯管理技能课程是围绕学生开展和进行的，其作用是为开始进行生涯规划的学生服务。2003 年，英国教育与技能部专门面向 11 ～ 19 岁的青少年制定了《英国生涯教育与指导纲要——面向 11 ～ 19 岁的国家框架》（Careers Education and Guidance in England: A National Framework 11-19），将生涯教育的内容领域分为自我发展、生涯探索与生涯管理，进一步明确了 11 ～ 19 岁年龄阶段学生的生涯教育的具体内容，并对其提出了相应的开展建议。

（三）澳大利亚生涯教育与家庭教育典型做法

澳大利亚政府极为重视生涯教育，由于之前的相关生涯发展战略已经不能完全满足澳大利亚现在的发展需求，因此，在 2013 年施行的《国家生涯发展战略》（National Career Development Strategy）基础上，澳大利亚教育、技能和就业部（Australian Government Department of Education, Skills and Employment）于 2019 年 2 月公布了"为学生未来

---

[1] ANDREWS D. Careers education in schools: the history of the development of careers education in schools and a critical examination of policy, practice and possibilities for its future [M]. Staffordshire: HighFlyers, 2011.

[2] TANNA S. How careers management skills developed of reading [D]. Reading: University of Reading, 2008: 4-29.

而准备"的国家生涯教育战略——《未来准备：以学生为中心的国家生涯教育战略》（Future Ready：A Student Focused National Career Education Strategy），简称 《未来准备战略》，[1]旨在提高对生涯教育的认识，并持续跟进各种资源项目的落实。[2]澳大利亚政府在推进生涯教育中呈现出以下新动态：

一是成立国家生涯研究所，提供生涯教育组织保障。为更好地贯彻《未来准备战略》，2019 年 7 月，澳大利亚就业、技能、小企业和家庭企业部（Department of Employment，Skills，Small and Family Business）宣布成立国家生涯研究所（The National Careers Institute），2020 年 2月政府通过改革机制将其移交给澳大利亚教育、技能和就业部。《强化技能：澳大利亚职业教育和培训体系专家评议》（Strengthening Skills：Expert Review of australia's Vocational Education and Training System）指出国家生涯研究所致力提供单一权威的政府生涯信息来源，尤为侧重于宣传和促进生涯发展。[3]"国家生涯研究所与各国政府、工业界、雇主以及教育和培训提供者保持密切合作，期望帮助人们搜寻准确权威的生涯信息以及关于学习、培训和工作途径的咨询意见，以此支持人们作出决策，服务澳大利亚人的生涯发展。同时，国家生涯研究所开始积极展开一系列

---

[1] 潘黎，曹鑫.澳大利亚生涯教育新动态——"为学生未来而准备"国家生涯教育战略实施［J］.比较教育研究，2021（6）：58-64.

[2] 潘黎，曹鑫.澳大利亚生涯教育新动态——"为学生未来而准备"国家生涯教育战略实施［J］.比较教育研究，2021（6）：58-64.

[3] JOYCE S. Strengthening skills：expert review of Australia's vocational education and training system［R］.Canberra：Department of the Prime Minister and Cabinet，2019：103.

实际行动，与国家技能委员会（The National Skills Commission）和技能组织（Skills Organization）在澳大利亚各地举办了一系列讲习活动，与利益攸关方商讨生涯教育发展事宜。"[1]

二是宣布伙伴关系赠款方案，营造生涯教育政策环境。2020 年 3 月，澳大利亚国家生涯研究所宣布为"伙伴关系赠款方案"（Partnership Grants Program）提供资金，提供 2 万到 70 万澳元的补助金，最长为期两年。[2] "这项赠款方案意在支持更多的澳大利亚人获得雇主急需的技能，旨在克服教育和培训部门与雇主需求之间的脱节。学校、教育机构、雇主、行业团体以及研究人员等都可以申请该赠款方案的补助，这使有需要的群体能共同努力，改善生涯成果以及教育和培训途径，以便为处于生涯各阶段的人提供创新的生涯咨询产品和服务。"[3]

三是设计校企合作工具包，创设生涯教育参与机制。"澳大利亚生涯教育与经济社会的互动发展是其较为典型的特点，一直坚持校企合作并且面向市场需求，澳大利亚政府认识到良好的校企合作伙伴关系能帮助年轻人发展生涯管理技能，使其更好地了解进入新工作世界的生涯道路。澳大利亚青年基金会（The Foundation for Young Australians）意识到必须弥合教育和就业部门之间的差距，使学生为未来工作做好充分准备，并响

［1］　潘黎，曹鑫．澳大利亚生涯教育新动态——"为学生未来而准备"国家生涯教育战略实施［J］．比较教育研究，2021（6）：58-64.

［2］　The National Careers Institute. National Careers Institute Partnership Grants Program［EB/OL］．（2020-03-30）［2021-02-24］．https：//www.dese.gov.au/nci/announcements/national-careers-institute-partnership-grants-program.

［3］　潘黎，曹鑫．澳大利亚生涯教育新动态——"为学生未来而准备"国家生涯教育战略实施［J］．比较教育研究，2021（6）：58-64.

应《未来准备战略》设计校企合作工具包，意在建立起良好的合作伙伴关系，具体包括教育者工具包、企业工具包和监护者工具包。"[1]

四是利用网络虚拟信息技术，引领生涯教育开展的新形式。"在线学习是更新技能或再培训的好方法，无论学习者情况如何或者身在何处都可以通过在线生涯教育和培训获得益处。澳大利亚联邦科学与工业研究组织（Commonwealth Scientific and Industrial Research Organization，CSIRO）坚持以创新科技来解决最大的问题和挑战，发布'2019年试点方案'（The 2019 Pilot Program），也称'虚拟工作体验计划'（Virtual Work Experience Pilot Program，VWEP），作为《未来准备战略》的一部分。"[2]

总体来看，澳大利亚政府生涯教育新动态呈现出"完善生涯发展系统，生涯教育组织机构系统化""承载政府发展意愿，生涯教育政策制定导向化""增进社会各界联系，生涯教育责任主体多元化""拓展生涯信息渠道，生涯教育信息服务网络化"等显著特征。[3]

（四）芬兰生涯教育与家庭教育典型做法

职业生涯教育在芬兰的人力资源发展中被赋予重要意义。尤其是在芬兰高中课程改革后，职业生涯教育在学生的课程选修、职业选择、学习规

---

［1］ 潘黎，曹鑫．澳大利亚生涯教育新动态——"为学生未来而准备"国家生涯教育战略实施［J］．比较教育研究，2021（6）：58-64.

［2］ 潘黎，曹鑫．澳大利亚生涯教育新动态——"为学生未来而准备"国家生涯教育战略实施［J］．比较教育研究，2021（6）：58-64.

［3］ 潘黎，曹鑫．澳大利亚生涯教育新动态——"为学生未来而准备"国家生涯教育战略实施［J］．比较教育研究，2021（6）：58-64.

划等方面都起到了积极作用。[1]"芬兰政府提供职业生涯教育服务包括学校层面和就业服务部门。学校主要为在校的学习者提供基础的职业生涯教育；就业服务部门属于国家劳动行政部门的附属，不仅面对社会中的所有群体，也为部分在职业选择中面临特殊困难的学生提供信息材料和培训咨询服务。"[2]

下面以芬兰罗素中学的职业生涯教育为例，介绍芬兰职业生涯教育在校级层面的课程实施：

一是设计个性化职业生涯课程。在芬兰高中国家核心课程大纲的指导下，罗素中学除必修课之外，还开设了500多门选修课程供学生选择，以支持多样化的个性需求。面对如此丰富的课程选择，就需要配置相应的职业生涯课程为学生提供学习计划制订、课程选择、时间安排等方面的指导。罗素中学的职业生涯辅导课程分为必修课程与选修课程两个部分，不同课程中的内容选择各有偏重，可以为学生提供多样性的选择。必修的职业生涯辅导课程要向学生传递本校内的或其他学校的选修课信息，以供学生选择，还包括学习技能、自我认知和职业选择的相关信息；选修的职业生涯辅导课程是必修课程的补充与深入学习，其侧重于关注学生终身学习的职业生涯指导。

二是配备专业且有经验的师资。在罗素高中，能够为学生提供职业生涯辅导的三类群体分别是专职的学生顾问、在校的其他教职人员以及学生

---

[1]　屠莉娅，吕梦圆.芬兰普通高中职业生涯教育的经验及其启示［J］.陕西教育（综合版），2021（11）：30-32.

[2]　屠莉娅，吕梦圆.芬兰普通高中职业生涯教育的经验及其启示［J］.陕西教育（综合版），2021（11）：30-32.

辅导员。这三类师资的作用为：①专职的学生顾问提供专业角度建议。学生顾问要与每一位学生沟通，为之提供各种不同类型的信息与帮助。学生在私人咨询中将有更多的自我表达空间，获得更具有针对性的指导意见。②学校的小组指导员以及其他教职工在日常工作中渗透职业生涯理念。小组每周都会进行一次讨论沟通，小组指导员每周都要与学生至少接触一次，了解成员学习、生活、心理等方面的情况并给予适当的辅导。③学生辅导员的经验传递。学生辅导员并非师长或教职员工，而是由高年级的前辈担任，可以从学生的角度为新生提供有切身体会的经验和教训。学生辅导员作为同伴群体，能更多地站在学生自身立场上进行职业生涯辅导，并且可以在其中加强自我对于未来职业与继续教育的认识，更可以获得学分作为升学材料记录在案。[1]

三是拓宽职业生涯教育的物理边界。芬兰高中的职业生涯辅导教育并不是刻板的理论传授，而是有良好的社会合作氛围，将社会作为第二课堂打破了职业生涯教育的物理边界。如：①以企业为职业梦想孵化器。罗素中学与社会企业单位达成合作，学生可以去企业熟悉工作环境，了解实际工作状况。②与高等学校的对接。罗素中学作为以学术为主的中学，多数学生在毕业后会选择国际一流的高等教育学府继续学习。因此沟通中等教育和高等教育、获取大学信息对罗素中学的学生尤为重要，罗素中学与多所大学有紧密的合作关系，学生可以访问合作大学，并提前学习大学课程，例如特定的物理、生化、机器人等课程都可选修，此外大学的实验设

[1] 屠莉娅，吕梦圆. 芬兰普通高中职业生涯教育的经验及其启示 [J]. 陕西教育（综合版），2021（11）：30-32.

备也可供学生使用。③与政府部门和国际组织的密切合作。芬兰环境能源和住房部部长来访罗素中学，带来了关于环境保护等方面的经验分享，形成一门极佳的有关自己所生活的社区、国家以及地球的生动的环境教育课程。联合国妇女署全球首席执行官到访罗素中学，带来的不仅仅是关于联合国妇女署工作以及妇女权益问题的了解，更深层的意义在于培养学生对人权、民主、性别平等等方面的全球性议题的了解。多元从业者走进学校分享工作经验的活动能让高中生的视线暂时从书本上转移开来，走出学校，走向社区、国家、全球，并能从丰富的社会性议题中构建更为广阔的认知，这也是职业生涯教育的重要补充。④创建国际合作的舞台。罗素中学有众多重要的合作伙伴，例如美国研究中心、救济基金会、中国大使馆、法国国家文化中心、德国大使馆等，囊括了各级教育机构、政府部门和国际组织。这些合作伙伴为罗素中学的学生拓宽了信息获取的渠道，带来了多元的职业体验、丰富的学习资源，搭建了广阔的自我展现平台。

芬兰高中的职业生涯教育体系与职业生涯教育实践，将为我国开展生涯教育工作提供积极的借鉴和参考。[1]

（五）欧洲其他国家生涯教育与家庭教育典型做法

德国设置了不同形式的职业教育机构，为学生提供专业的职业咨询和指导服务，还建立了一个全国通行的专业化职业网络平台，供学生求职和用人单位招聘资源共享。德国的生涯教育由联邦政府统一制定政策，统合

---

[1]　屠莉娅，吕梦园. 芬兰普通高中职业生涯教育的经验及其启示［J］. 陕西教育（综合版），2021（11）：30-32.

学校、地方和公司共同开展，具有职业指导特色，与职业教育相结合，能够服务于学生的职业发展与生涯规划。[1]

瑞士联邦政府对生涯规划教育非常重视，提出了各州共同管理的要求，并成立了隶属于联邦经济事务部的联邦职业教育与技术办公室，负责制定各项职业教育和培训政策及发展计划。与此同时，各州还设有职业教育办公室，负责监督职业教育和培训机构。[2]

瑞典学校将职业指导课程列入学校的课程设置中，将职业指导"课程化"，作为必修课程；同时定期邀请学校、家长和学生共同接受生涯规划方面的教育和培训，指导家长帮助学生确定职业方向和学习专业。

（六）日本生涯教育与家庭教育典型做法

生涯规划教育并不是单纯的职业教育，而是贯穿人一生的教育。在系统性方面，日本的做法值得借鉴。从1915年引入生涯教育以来，日本学校的生涯教育就贯穿学前、初等、中等和高等教育阶段，称为"进路指导"或"出路指导"。在日本，生涯教育是写入教学计划当中的必修课程，是教育部门规定中学以上的学生必须参与的。2002年，日本国立教育政策研究所中小学生指导研究中心开发了《培养劳动观和职业观的计划框架》。从框架中可以看出：首先，日本对中小学生进行的生涯规划教育有着非常完整的框架设计；其次，生涯规划教育不仅局限于高中或大学，而

---

[1] 张宇，王乃弋.德国开展职业生涯教育的经验及其对我国的启示[J].中小学心理健康教育，2021（19）：32-34.

[2] 张宇，王乃弋.德国开展职业生涯教育的经验及其对我国的启示[J].中小学心理健康教育，2021（19）：32-34.

是从小学到初中、高中，根据不同年龄特点进行分层教育。其中，生涯教育内容包括培养人际交往能力、信息活用能力、对未来的设计能力、计划与决定能力等。

二、部分发达国家生涯教育与家庭教育经验模式的启示

（一）起步早、普及广

多数欧美发达国家从 20 世纪就开始了对生涯教育理论和实践的双线探索。从整体上来看，以美国与英国为代表的发达国家对生涯规划教育的探索较早，体系也较为完善——小到学校课程体系的设计，大到国家政策的颁布与支持，均强调了生涯规划教育对个体职业发展、人格培养的重要作用，以及学校实施生涯规划教育的必要性和急迫性。相比之下，我国生涯规划教育起步晚、发展慢，有必要借鉴国外的生涯教育体系设计。

（二）政策法规较为完善

政府的政策保障是生涯教育与家庭教育取得实效的前提。从部分发达国家生涯教育与家庭教育的典型做法来看，其政府和相关主管部门出台了许多政策文件来保障生涯教育与家庭教育的顺利开展。这些政策文件明确规定了生涯教育与家庭教育的目标、实施内容和要求等，制定并发布了相关机构参与生涯教育与家庭教育的行为准则和行业规范，使相关主体开展生涯教育与家庭教育有了政治赋权和政策保障。此外，这些国家生涯教育与家庭教育的频繁开展，还离不开相关机构的积极参与，这些力量的深度

融入为生涯教育与家庭教育更好地发展注入了新的生机与活力，并提供了良好的外部环境。

（三）专人专职、专业化

美国、日本、澳大利亚、德国、加拿大等国均对从事生涯规划教育教师的资质有着严格要求。例如，加拿大要求从事就业指导的咨询师必须具有教育学、心理学、咨询学或相应的人文社会科学的博士学位，而且要有一定的工作经验；指导教师或管理员要求具有人文科学背景的硕士学位。英国则规定生涯规划教育机构应纳入多种人才，包含政府工作人员、职业教育项目负责人、职业教育项目协调员、职业教育项目行政人员、教师、教师协助员、专业职业顾问等。多数国家还为学生配备了兼职的教师队伍，通过各种不同的途径和渠道对学生进行生涯规划教育；同时，定期对专职教师进行培训和考核，以保证学生接受合格的、与时俱进的生涯教育。[1]

（四）社会与家长的参与度高

美国、英国、澳大利亚、瑞士等国特别强调企业责任，各国的学校都与学校附近的企业有着密切的联系，为学生提供更多的进企业学习和体验的机会。例如，瑞士约有 1/3 的企业参与了学徒培训，和学校一起确定教学和考试内容；同时学校会向学生介绍企业情况，为学生提供实习岗位和部分工资。很多学校还争取到了家长的支持，对家长进行定期培训，以

---

[1] 孙宏艳. 国外中小学职业生涯规划教育：经验与启示 [J]. 中小学管理，2013（8）：43-46.

期学生在家庭中也能接受一定的生涯教育。例如，瑞士专门设立了"子女节"。每年的这一天，父母都要带着孩子去上班，让孩子了解父母的工作情况。可见瑞士等国对家长培训的重视，以及对家庭教育重要性的强调。

（五）贯穿整个人生周期

很多国家把生涯规划教育内容与课堂教学紧密结合：一方面规定了固定的课时和学时；另一方面又与美术、音乐、劳动、品德等课堂教学相互渗透，同时在课堂环节中纳入交往、沟通、妥协、理解、宽容等职场必备的素质培养。例如，日本的《中小学教学指导大纲》要求各校开设"综合学习时间"必修课，将职业预备教育融于"综合学习时间"中。大纲具体规定：在小学阶段，要为学生提供生活、家政、社会课，使学生理解并分担家务；在初中阶段，要引导学生学习国际理解、信息、环境、福利、健康等跨学科领域知识，发现和形成自己的生活方式；在高中阶段，要帮助学生形成自己的职业意识。

三、部分发达国家家庭教育辅导机构及指导师模式经验的启示

（一）家庭教育协会与家庭教育中心

目前，美国家庭教育服务机构主要包括各州家庭教育协会或家庭教育中心、普通中心学校、特殊学校（如转折点学校、特殊教育学校）、家长学校、幼儿园的家庭教育辅导机构和教师等。

1.各州家庭教育协会或中心

家庭教育协会或家庭教育中心是美国各州教育部的常设机构，负责管理本州家庭教育事务和开展家庭教育活动，是各州家庭教育和家庭教育指导的总指挥部。许多有声望的优秀家庭教育指导师供职于此，他们通过举办家庭教育指导活动、开办家庭教育指导网站、举办家庭教育论坛等多种多样的活动促进本州家庭教育工作的顺利开展和家长素质的提升。各州家庭教育协会或家庭教育中心还负责进行本州家庭教育指导师的培训、考核、资质认证和评价，发布家庭教育指导师招聘、就业和岗位信息，组织家庭教育指导科学研究工作和实际调查工作。

2.普通学校的家庭教育服务机构与指导师

美国"父母即教师"项目（Parents As Teachers Program，PAT）倡导家校联合的作用，注重提高家长在学校规章制度制定中的参与比重；鼓励校方积极对家长开展家庭教育进行指导帮助，真正发挥家校的合力作用。美国大多数的中小学校都设立了家庭教育指导师这一专门职位，负责解答和帮助解决该校学生家长的家庭教育问题，并对家庭教育的方式和方法提供指导和建议。同时，家庭教育指导师也会直接帮学生们解决生活、学习、人际、感情和心理等问题，还会及时向学校和家长反馈学生的思想动态和心理、生理发展等问题。

3.特殊学校的家庭教育服务机构与指导师

特殊学校包括两类：转折点学校（Turning Point School）和特殊教育学校（Special Education School）。近年来，美国的转折点学校逐渐成为美国青少年违法犯罪的预防中心、矫治中心和研究中心。转折点学校的家庭教育指导师需要根据失足青少年的自身实际及其父母道德、文化、知识等各方面素质状况综合评估，并进行个性化的教育设计以及针对性较强的家庭教育培训和家教方法指导。

与转折点学校有所不同，特殊学校主要为残障儿童提供服务。为了进一步提高教育质量，更好地发挥家庭教育的功能和作用，提高基础教育质量，美国教育部在 2007 年 9 月出台了"赋予家长学校席位"（Empower Parents School Box，EPSB）的引导性政策。"赋予家长学校席位"鼓励家长进一步关注孩子的教育，凸显了家长在孩子教育中的重要地位，以发挥其应有的作用。

4. 家长学校

美国的家长学校是为未成年人的家长传授家庭教育知识与方法、提升家长家庭教育水平、提高家长素质的成人学校，也是政府宣传和普及家庭教育科学知识，促进家庭、学校、社会教育三位一体建设的重要阵地。

其中，供职于普通家长学校的家庭教育指导师通常会举办家长短训班、家庭教育辅导讲座和家长会，就密切亲子情感、构建和谐家庭、树立孩子自尊自信、加强儿童营养保健等多方面问题与家长进行沟通，着力激发家长在家庭教育活动中的积极性和能动性。美国各级政府对辖区内残障儿童的家庭都有详细登记，并免费为残障儿童家长开办培训学校，为增强他们养育子女和进行家庭教育的能力提供保障。基于此，供职于特殊教育孩子家长学校的家庭指导师则会设计一套易于残障儿童家长掌握的学习方法和指导程序。

（二）家庭教育指导师

家庭教育指导师的主要职责在于：①通过定期举办家长教育活动、开办家庭教育指导网站、进行家访等形式提高家长家庭教育的能力；②提供对青少年的指导和帮助；③进行家庭教育科学研究；④进行家庭教育指导师的培训、考核、资格认定和评估等工作。

1.在服务家长方面

定期举办的家长活动包括编制简报、举办教育论坛、举办夏令营活动。家庭教育指导师开办家庭教育指导网站，积极利用网络这一便利渠道向家长提供指导和建议，并及时更新网页，保证材料的前沿性和资源的丰富性。网站还经常聘请教育学、心理学、社会学和法学等领域的专家，通过讲座、论坛、演讲、访谈等形式对家长进行家庭教育知识普及。

对于那些情况特殊的孩子、有严重家庭教育问题的家庭，以及高危、单亲、残障儿童或父母残障的特殊家庭，幼儿园、学校、社区或家庭教育协会通常会组织家庭教育指导师定期或随时进行家访。他们会根据每个家庭的具体情况，有针对性地研究解决策略。

2.在服务青少年方面

家长学校等机构的家庭教育指导师需要充当学生的"人生导师"，听他们倾诉烦恼，为他们出谋划策，帮他们解决生活、学习、人际、感情、心理等多方面的问题，并向学生普及日常交际礼仪、学习压力缓解和精神维护等常识。

3. 在科学研究方面

为了总结家庭教育指导方面的经验教训，促进美国教育事业的蓬勃发展，美国政府鼓励指导师进行家庭教育指导方面的科学研究工作，加快其自身专业化发展。例如，在乔治亚州的"家庭教育指导师示范模式"中导师们潜心制定了一套"乔治亚州家庭教育指导师培训、考核与资格认证办法"[1]。

4. 在师资培训与考核方面

美国各州的家庭教育协会或家庭教育中心承担着本州家庭教育指导师的培训、考核、资格认证及日常评估工作。同时，由政府授权的社会信誉好、培训质量高、社会影响力强的民营培训机构也可以进行家庭教育指导师培训工作。家庭教育协会或中心设置了完整、公正且严格的考试。考核与资格认证程序分为笔试、面试、论文和实践四个环节，申请者考评合格后可取得"家庭教育指导师职业资格证书"。

---

[1] GALLAGHER P A, RHODES C A, DARLING S M. Parents as professionals in early intervention：a parent educator model［J］. Topics in early childhood special education，2004（1）：5-13.

下

展望 篇

新时期我国生涯教育与家庭教育共成长优化策略
新时期我国生涯教育与家庭教育新基点的科学架构
讨论与展望

第六章 新时期我国生涯教育与家庭教育共成长优化策略

我们应立足我国国情、区域发展水平和学校教育发展等客观实际，遵循教育发展规律和学生身心成长规律，按照国家对生涯教育与家庭教育工作的政策文件精神，聚焦突出问题，研判发展形势，建构应对策略，进一步提高生涯教育与家庭教育质量水平和服务供给能力。新时期我国生涯教育与家庭教育共成长应以高质量发展为主线，以完善体制机制和丰富内容形式为抓手，以有效统筹多元主体为保障等，加快实现内涵式发展。下面坚持问题导向和需求导向相结合原则，提出以下优化策略：

一、各方加强学习，深化认识，增强生涯教育与家庭教育的行动自觉和责任担当

加强学习，不仅是我们自身提高综合素质、提升思想境界和习得技术本领的根本途径，更是我们不断发展进步的重要法宝。针对生涯教育与家庭教育相关各方对政策文件学习不全、精神要求领会不深、思想认知产生偏差等问题，所有生涯教育与家庭教育相关方（如学校、教师、学生、家长、社区、社会教育培训机构、教育科研机构等）均要持续加强学习，统一思想、深化认识。

首先，生涯教育与家庭教育相关各方要深入学习贯彻习近平总书记关

于教育的重要论述精神，带着问题、联系实际地深入学习国家关于生涯教育与家庭教育工作的政策文件精神，要学有所得、学以致用、学有所成。通过宣传、教育和引导，生涯教育与家庭教育相关各方要进一步夯实思想基础，构筑坚实堡垒，增强行动自觉。地方教育行政部门和各级各类学校等要高度重视生涯教育与家庭教育问题，从加快推进教育现代化、建设教育强国、办好人民满意的教育的高度，从保障学生"最大利益"的思路出发，充分认识生涯教育与家庭教育的重要性和紧迫性，进一步加强对生涯教育与家庭教育工作的领导、组织、落实和检查等。

其次，生涯教育与家庭教育相关各方要系统学习生涯教育与家庭教育相关理论知识和专业技能。总体来看，生涯教育与家庭教育相关理论发展有从分离状态逐渐走向融合的趋势。例如，舒伯的生涯发展理论有终身化视野的格局，它的每个阶段都有对应的不同角色管理和课题任务，适合个体的个性化生涯发展特征。生涯发展理论至今仍然是人生发展、职业规划与生涯教育的重要理论基础和实践指导标准。生涯教育与家庭教育相关各方要从全面育人、全程育人的角度出发，探索与实践以人为本的、关注整个人生发展的、全方位全阶段的生涯教育与家庭教育，做一位合格的生涯教育与家庭教育指导者、实践者和推动者。

总之，生涯教育与家庭教育相关各方要以高度的责任感和使命感，切实增强开展生涯教育与家庭教育工作的思想自觉和行动自觉，认真做好各项工作，以实际行动把生涯教育与家庭教育工作落实落细落好，并将持续深化学习、不断提高认识水平、全面强化执行力贯穿生涯教育与家庭教育工作的始终。

二、健全体制机制，完善生涯教育与家庭教育保障体系

（一）健全体制机制，加大政策支持强度和指导细度

应健全生涯教育与家庭教育体制机制，进一步厘清生涯教育与家庭教育的属性问题。从现有政策和法律文本来看，生涯教育与家庭教育是由学校、家庭和社会等主体协同开展的非法定的育人内容，但又与法定教育内容密切相关的一种教育延伸服务。

从公共服务理论来看，我们可以将公共教育服务分为基本公共教育服务（如义务教育等）和非基本公共教育服务，如图 6-1 所示。基本公共教育服务的特征是基础性、普惠性、公平性；而非基本公共教育服务是指在一定的社会经济发展阶段，政府为了满足人民群众的更高层次的公共教育需求，运用公共权力和公共资源所提供的公共教育服务。非基本公共教育服务又可以分为准基本公共教育服务和经营性公共教育服务。当前，我国学前教育、高中教育、高等教育等都属于准基本公共教育服务，而满足特殊需要的学前教育、教育培训、继续教育等市场化的教育服务则属于经营性公共教育服务。由此看来，生涯教育与家庭教育在基础性、普惠性和公平性等方面与义务教育的强制性、统一性和免费性不同，应属于非基本公共教育服务中的经营性公共教育服务范畴。因此，立法机关和政府部门要在厘清生涯教育与家庭教育性质属性的基础上，进一步健全相应的法律和制度。从 2022 年 1 月 1 日起施行的《家庭教育促进法》，就是生涯教育与家庭教育有序迈向规范化、专业化和法制化发展之路最好的例证。

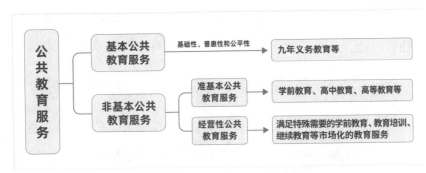

图 6-1　公共服务理论视角下公共教育服务分类

进一步明确和细化生涯教育与家庭教育相关各方的权责问题。生涯教育与家庭教育共成长是一项复杂的系统工程，牵涉社会的方方面面。国家通过政策文本把生涯教育与家庭教育实施主体、服务对象、活动地点、内容形式、范围属性等加以明确和细化，是我们梳理各主体权责关系、组织开展生涯教育与家庭教育工作的前提和基础。当前我国生涯教育与家庭教育发展中存在的问题或局限，实则源于生涯教育与家庭教育工作主体不明、权责不清、力量分化等。因此，政府职能部门要组织专业机构和专班人员，在科学把握生涯教育与家庭教育性质属性的基础上，结合我国现有法律和政策文本，进一步明确和细化政府、学校、家庭和社会相关机构在生涯教育与家庭教育工作方面的权责，并以国家政策的方式加以固定。

进一步健全、完善和细化生涯教育与家庭教育专项政策、体制机制和标准规范。如设立生涯教育专项资金、国家标准（或行业标准），建立质量考核机制，社会机构参与生涯教育资质审查、进入和退出机制，以及生涯教育与家庭教育指导师资质核验、动态管理、权益保障机制等。在未来3～5年内，生涯教育专项政策机制和规范标准方面要实现新的重大突破，不仅要有"量"的增加，更要有"质"的提升。

（二）及时纠正生涯教育与家庭教育"学业化""程式化"等倾向

针对当前我国生涯教育与家庭教育出现的"学业化""程式化"等倾向，政府要进一步举旗定向、把舵领航，持续推进生涯教育与家庭教育工作向更高层次迈进。基于生涯教育与家庭教育涉及主体多、资源广、范围大等特点，我们需要进一步优化工作方式，更加注重分类治理、全面统筹协调和跟踪纠偏正向，让生涯教育与家庭教育少走甚至不走弯路和错路，进而提高生涯教育与家庭教育的针对性和实效性。

首先，要统筹建立巡查指导、联席办公等专项制度，并把巡查指导结果及时反馈至相关主体，对生涯教育与家庭教育工作及时预警和纠偏。其次，学校要通过"三对接"把生涯教育组织工作落实到位。具体为：将学校生涯教育方向目标与生涯教育政策文件精神要求进行对接，将学校生涯教育内容形式与学生发展实际需求进行对接，将学校生涯教育工作相关具办人员与地方政府相关职能部门负责人进行对接。最后，地方政府和学校要在统筹推进中把握重点、突显亮点，率先打造一批生涯教育亮点校、精品校和示范校，充分发挥典型示范引领作用，防止部分地方和学校在开展生涯教育工作中走差跑偏。

（三）建立政府指导统筹下的生涯教育与家庭教育共成长协同落实机制

应立足区域实际，彰显学校特色，遵循教育及学生身心认知规律，探索建立政府推动、学校组织、家庭参与、社会融入和教育科研机构支撑的多主体生涯教育与家庭教育共成长协同落实机制。其中，促进学生适性发展是主旨。

政府要进一步发挥统筹者、推动者和监管者的作用，将重心放在做好政策颁布、标准研制、资源统筹、运行保障等方面，持续深化政府购买服务机制改革。学校要进一步发挥主渠道作用，整合校内外优势资源，做好生涯教育与家庭教育互融式活动的设计、组织、实施、反馈和调适等环节的工作，对德育活动、常规教学和生涯教育与家庭教育互融式活动进行类型比较分析，避免其课堂化、作业化等。家长要进一步树立科学的家校合作观念，集中自身专长和身边优势特色资源，通过家长委员会、家长会等方式高质量地参与学校生涯教育与家庭教育互融式活动，对孩子参与活动给予正确引导和合理建议，并做好相关协调工作。社会教育培训机构、社区、企业、爱心组织和公共场馆等社会力量经过政府认定和授权后，通过政府购买服务、资源互享置换等方式，以学校合作伙伴的身份有效融入生涯教育与家庭教育相关工作。教育科研机构、高等学校等要聚焦生涯教育与家庭教育工作中的痛点、难点、堵点开展专项研究，组织专业人员下沉到学校生涯教育和家庭教育现场，寻求破解实践难题的有效策略和方法，并对生涯教育与家庭教育进行全程的专业指导和智力支持。

（四）在持续增加投入的基础上，建立生涯教育与家庭教育共成长运作机制

第一，应持续增加生涯教育与家庭教育的教育投入。教育投入是一切教育活动进行、维持和发展的基础和保障，是教育实践活动系统中的基本

要素之一。当前，对生涯教育与家庭教育的投入主要集中在物质或财力层面（表现为实物和资金），而在政策性、人力资源开发等方面的投入尚不足甚至缺失。基于此，首先是要完善生涯教育与家庭教育有效投入机制。一方面，要合理编排财政投入配置方案，实现育人硬件与软件平衡协调发展；另一方面，要形成专业、规范、严格的"预算分配—分期拨付—督查落实—效益评测—违项追责—投入追回"生涯教育与家庭教育投入落实机制。其次是要拓展生涯教育与家庭教育教育投入的意涵范畴。在适当增加有效财政投入的基础上，进一步加大政策性投入（如政策倾斜、优惠条件等）和人才投入（如指导教师等），其中人才投入是核心。

第二，应配齐生涯教育与家庭教育基础设施和场地设备。一方面，加强学校生涯教育基础设施和场所建设。学校资源是组织开展生涯教育最直接、最便捷、最丰富的资源。学校要进一步发挥生涯教育主阵地作用，利用现有的功能室和空闲教室，因地制宜地开发校内生涯教育场地和配套设施，包括拓展运动训练场所、科技制作活动室、工艺制作教室、音乐艺术教室等，为生涯教育提供充足的校内活动场所，使学校专用教室和功能活动室等配置更加齐全、功能更加完善、技术装备更加先进、育人实效更加彰显。另一方面，加快校外生涯教育与家庭教育场所建设和资源引入。在充分利用学校资源的基础上，引入社会资源。一是推进社区生涯教育活动室的建设，加大社区活动场所及设施供给。政府要对辖区内的社区功能活动室和场所进行统一调配，并对这些功能活动室和场所的配置要求、供给标准和保障方式等提出明确要求。二是统筹社会教育资源。生涯教育与家庭教育涉及多元主体，需要融合多方力量，发挥政府、学校、家庭、社会等的同心同向同行作用，既可将校外优质资源引入学校生涯教育活动中来，也可到有资质、有保障的校外活动场所进行生涯教育，实现多维联动。

三、学校以教育信息化为着力点，以促进学生适性发展为主旨，丰富生涯教育与家庭教育共成长内容和形式

（一）将"生涯教育与家庭教育共成长"纳入现代学校制度建设议题

将生涯教育与家庭教育共成长纳入现代学校制度建设进程中加以系统考察和深度考量，具有较强的政策合理性和现实性。生涯教育与家庭教育共成长并非学校单一运行所产生的结果，而是社会结构和经济转型等多因素的复合影响造成的。因此，学校应将生涯教育与家庭教育共成长作为现代学校制度建设议题。

首先，应充分发挥家长参与学校治理的积极性，建立可行的参与机制，促进家校共治。无论是经费的来源和开支、生涯教育提供的类型与方式，还是人员的安排与报酬，都应由政府、学校和家庭协商共治。这一过程遵循的教育治理多元参与的理念与方法，既有利于现代学校的建设与发展，也符合家长参与学校治理的迫切期望。其次，生涯教育与家庭教育共成长在很大程度上是教育政策运行的结果，因此，实现生涯教育与家庭教育共成长需要真正回归到学生全面发展、终身发展的实质追求上。探究生涯教育与家庭教育共成长问题，若不充分考虑现代学校制度建构的整体进

程，不从统筹全局的高度探究问题根源，往往就容易出现"头痛医头，脚痛医脚"的机械、被动应付的情况。

（二）依托教育信息化，全方位缩小生涯教育发展差距

教育公平是社会公平在教育领域的延伸和体现。实现教育公平既是促进人的全面发展和社会公平正义的必然要求，也是我国教育改革和发展坚定不移追求的目标。当前，我国生涯教育在区域间、学段间、学校间存在发展差距是客观事实，在学生享受生涯教育方面存在机会差距也较为普遍。教育信息化是缩小生涯教育与家庭教育发展差距、增加优质教育服务享有机会、实现更高层次的教育公平的重要手段和重要资源，也是加快生涯教育与家庭教育改革发展的突破口。因此，学校在加强和完善校园信息化建设的同时，应促进生涯教育和信息化技术高度融合，在信息化技术的强力支撑下对生涯教育工作系统和育人活动等进行重组和重构。

具体来说，地方政府要对辖区所有学校的信息化建设情况进行摸底统计，对薄弱学校加强关注并给予政策、资金倾斜，优先整改补充到位；组织协调全区相关专业技术人员，深入学校对师生进行系统培训和技术指导，增强师生对"生涯教育＋"的感知度、操控性和适应性，进一步加大"生涯教育＋"的适切性和呈现力。学校则要从过去的组织协调者转变为服务提供者，全面搭建"生涯教育＋综合服务体系"，竭力做到生涯教育组织形式灵活化、资源供给协同化、技术支持敏捷化和跟踪服务精准化。学校要借助信息技术实现优质教育服务资源跨界共享，进一步缩小发展差距，实现生涯教育由"量"到"质"的机会均衡。

总之，教育信息化为生涯教育实现线上与线下、个体与群体、校内与校外等有机结合，为生涯教育从以学业规划为主走向以培养学生职业素养为本等，提供了必要的技术支持和资源保障。

（三）严格把控学校生涯教育育人目标的价值取向

通过优化生涯教育活动内容和组织形式，为学生创设一个有意义的教育时空和发展环境，帮助和指导学生适性发展，是生涯教育的核心目标。因此，在保障学生人身安全和防止"学业化""程式化"的前提下，要进一步严格把控学校生涯教育的内容、形式、育人目标和价值取向，在尊重区域发展实际和学校校情学情、遵循学生身心发展规律、遵守相关政策文件对生涯教育内容和形式一般性规定要求的基础上，积极鼓励多元主体联合开发具有地方和学校特色的生涯教育活动内容，尤其是生涯教育特色课程，创新生涯教育组织形式，为学生自主成长、全面发展和终生发展奠定基础。

以促进学生适性发展为主旨，增强学校生涯教育的可选择性和调适灵活性。生涯教育作为学校育人的有益补充和有机拓展，要更加注重活动内容的适切性、丰富性和系统性，组织形式的多元性、实效性和可接受性。首先，学校生涯教育的目标要以促进学生全面发展和终身发展为主旨，尊重和激发学生的志趣，保护和培养学生的职业兴趣。其次，学校生涯教育内容形式应灵活多变，要根据学生实际发展需求的变化不断进行调整，在实施过程中及时调整不符合学生实际需求和不利于学生全面发展、终身发展的活动内容和形式，并适时增加新内容、新形式。再次，学校生涯教育内容形式的设置和选取要统筹兼顾，既要有利于学生当前发展，又要有利于其长远发展；既要关注学生对知识、技能和方法的学习和掌握，又要注重学生道德品性和健全人格的培养和形成。最后，生涯教育内容形式要不断创新发展和充实更新，丰富活动内容和组织形式。同时，还要在实际操作中增强学生选择或退出活动的灵活性，要允许学生根据实际需求变化进行必要的调整。

（四）建设高素质专业化稳定型生涯教育师资队伍

近年来，随着我国生涯教育工作的顺利实施和推进，专业教师资源紧缺的矛盾日益凸显，因此需要更多的学校教师参与生涯教育工作。具体办法如下。

一是开展系统培养培训，切实提高教师指导生涯教育的业务素养和技术能力。在政府的支持和配合下，学校要系统开展针对性培训，尤其是加强对新时期生涯教育发展理念、资源发掘、活动设计、技术应用等内容的培训，全面提升指导教师解决生涯教育实际问题的能力和水平。具体方法有：①在教师正式加入生涯教育之前对其进行入职培训，经过系统培养并考核通过的教师方能从事生涯教育指导工作。②在日常生涯教育指导过程中，教师群体间要加强沟通交流，相互学习、相互促进和共同成长。③要高度重视生涯教育指导教师的心理健康教育。学校应专门开通教师心理咨询热线，成立教师心理救援中心，组织系列主题性释压活动，实施温馨关爱性措施，等等。

二是组建数量充足、业务精湛、素质精良、结构合理、相对稳定的生涯教育师资队伍。数量充足，主要强调配齐生涯教育指导教师，可以从学校在职教师中挖掘优秀教师，在毕业大学生中挖掘优秀人才，聘请社会各类机构相关人员，从家长队伍中招募生涯教育志愿者等；业务精湛和素质精良，主要强调建设高素质、专业化、稳定型生涯教育师资队伍，进一步从思想理念、职业精神、专业知识和专业技能等方面对生涯教育指导教师进行系统教育；结构合理，主要是指生涯教育指导教师在身份、性别、年龄、文化水平、所学专业、任教学科等方面要均衡合理，使得指导教师人人都能尽展其才；相对稳定，主要是指生涯教育指导教师人才培养和后续储备要充足，避免出现中途"换将"甚至"缺将"的情况。政府和学校要通过激励政策或手段吸引更多更优秀的人才参与进来，让已经不能很好地胜任生涯教育指导工作的教师有序地退出去，在相对稳定的基础上实现生涯教育教师队伍的合理流动。

四、家长以提高自身综合素质为基础，增强开展生涯教育与家庭教育的主动性和实效性

作为"学校—家庭—社会"协同育人体系的重要成员，家长对整个教育事务的参与监督、协助管理等权利均在教育政策中得到赋权。家长参与生涯教育与家庭教育，既是学校生涯教育工作的内在需要，也是家长了解学校教育、提高自身教育水平和培养孩子成长成才的现实举措。

（一）依托"互联网+"等新技术主动学习，提高自身综合素质

父母是孩子的第一任老师，家庭是孩子的第一所学校。因此，家长要利用闲暇时间，依托"互联网+"、云空间、数字媒体等新技术手段，利用一切可以利用的时间和空间资源，主动学习、深入学习，不断强化道德品格修养、更新现代教育理念、提高文化水平、培养健康心理素质等，切实提高自身综合素质。一方面，家长要为孩子健康成长和全面发展树立良好榜样，并成为孩子终身发展的精神导师和思想引路人，为孩子参与生涯教育做出正确判断和提供科学建议。另一方面，家长还要积极主动地参与孩子所在学校的日常教育教学工作，成为学校教育共同体的合格伙伴。

（二）持续提高教育素养，形成正确的生涯教育观、家庭教育观和家校合作观

一是家长要及时掌握教育动态，关注并了解教育法规与政策，多收看教育类新闻和阅读教育类文献，提高教育素养，坚持正确的教育理念。二是家长要系统学习生涯教育相关理论知识，科学掌握生涯教育的理念、目标、原则、内容、方式等，具有指导孩子生涯发展的实际本领。三是家长要充分利用微信关注教育或学校公众号，提高参与意识与能力；主动通过微信等网络工具联系学校老师，及时了解学校教育教学日常活动。四是家长要充分认识家校合作的重要性。家庭和学校是影响学生最大的两大力量，家庭教育和学校教育都具有其自身特有的优势和局限性。因此，将这两种教育力量联合起来，加强家庭与学校的合作，能实现彼此之间的优势互补，扬长避短，最大限度地发挥教育的作用。

（三）明确角色定位和权责关系，树立正确的生涯教育与家庭教育意识

家长在生涯教育与家庭教育中扮演着多种角色，发挥着多种功能，应做到权利和责任相统一，进一步明确自身的角色定位和权责关系，进而对生涯教育与家庭教育形成正确认识。一是要充分认识到生涯教育属于非基本公共教育服务中的经营性公共教育服务范畴，从学校教育共同体视角来看，即使学校需要承担一定的育人责任，也应该是政府、学校、家庭和社会共同的责任。二是要明确生涯教育最基本的功能是培育学生职业素养、促进学生适性发展，学业规划、职业技能教育仅仅是生涯教育整个育人活动和组织形式的一个方面，而不是其唯一功能。三是要树立权利和责任相统一、需求和责任相匹配的意识或观念。家长作为生涯教育的受益者，理当承担起相应的责任和履行相应的义务，如：全面配合并积极参与学校生涯教育工作，在家庭教育中深度融入生涯教育相关内容等。

（四）实现从被动到主动、从"局外"到"局内"的角色转变

无论是生涯教育还是家庭教育，家长都不应该是"旁观者""局外人"，而应该是重要的参与者和积极的推动者，更是受益者。在思想理念方面，家长应不断更新生涯教育与家庭教育的思想和理念，做到与时俱进、开拓创新、保持先进，有序开展生涯教育与家庭教育。在开展方式方面，家长要在巩固和优化原有方式的基础上，汇聚家长优势资源和集体智慧，借助"互联网＋"等新技术手段，采用新的更有实效性的方式。由此可见，家长要从被动走向主动、从"局外"走向"局内"，成为真正意义上

的生涯教育与家庭教育的坚实力量。

五、全社会立足生涯教育和家庭教育共成长，力争实现"家庭—学校—社会"育人高度协同

生涯教育可以作为人生发展过程中的主线要务和关键支点，家庭、学校、社会等多方力量都应通过生涯教育与家庭教育共成长，帮助和指导孩子建立起生涯规划的意识、掌握科学方法，促进"家庭—学校—社会"育人高度协同。

（一）明晰"家庭—学校—社会"协同育人政策意旨

2020 年 10 月，中共中央、国务院印发的《深化新时代教育评价改革总体方案》明确指出："落实中小学教师家访制度，将家校联系情况纳入教师考核。"[1]家校协同已然成为新时期教育事业的重要任务。2021 年 7 月，中共中央办公厅、国务院办公厅在《关于进一步减轻义务教育阶段学生作业负担和校外培训负担的意见》中要求："学校要充分利用资源优势，有效实施各种课后育人活动，在校内满足学生多样化学习需求。""为学有余力的学生拓展学习空间，开展丰富多彩的科普、文体、艺术、劳动、阅读、兴趣小组及社团活动。""充分利用社会资源，发挥好少年宫、青少年活动中心等校外活动场所在课后服务中的作用。""完善家校社协同机制。进一步明晰家校育人责任，密切家校沟通，创新协同方式，推进

---

[1] 中共中央，国务院 . 中共中央　国务院印发《深化新时代教育评价改革总体方案》[Z] . 2020–10–13.

协同育人共同体建设。"[1]为更好地落实家校协同育人的发展战略，促进学校教育与家庭教育的有机结合，理顺家庭、学校、政府、社会的责任体系，搭建家校协同相关学术研究与社会实践领域的战略发展指导平台和成果资源共享平台，有必要从家庭教育入手帮助孩子通过生涯教育建立起以个体为单位的生涯规划，帮助孩子在人生成长与发展的这条生涯主线上积累起可以影响其终身发展的核心素养能力。

由此可见，有必要从校内校外、课内课外、线上线下等多个维度聚焦立德树人根本任务，以学校为主体，整合社会、家庭的资源与力量，共同参与素质教育实践，形成家庭、学校、社会协同育人的联动合力。要激发家庭、学校、社会的广泛性与持续性参与，高效地聚合起各方资源，以取得最终符合多方预期的育人成果。

（二）找准关键因素，对生涯教育与家庭教育实施科学干预

1.尊重客观规律对生涯教育与家庭教育的影响

个体的生涯发展很难不受到其成长成熟和自然发展客观规律的影响。很多研究者看到了个体成长和发展对其生涯的不同影响，因此在职业生涯规划理论中提出了不同阶段对应不同发展任务的要求。例如，金兹伯格认为个体的生涯发展可以分为三个阶段，即幻想期（0～11岁）、尝试期（11～18岁）和实现期（18岁及以后）；舒伯则将个体的生涯发展划分

---

[1] 中共中央办公厅，国务院办公厅.中共中央办公厅　国务院办公厅印发《关于进一步减轻义务教育阶段学生作业负担和校外培训负担的意见》[Z].2021-07-24.

为五个阶段，分别为成长阶段（0～14岁）、探索阶段（15～24岁）、建立阶段（25～44岁）、维持阶段（45～64岁）和衰退阶段（65岁及以上）；中国学者罗双平综合以往很多研究和个人经验，认为个体生涯需要每十年划分为一个阶段，如20～30岁是一个阶段，30～40岁是一个阶段。[1] 因此，我们既要尊重教育发展和个体身心成长的客观规律，还要尊重生涯教育与家庭教育自身的发展规律和运作机理。

2. 重现政策环境变迁对生涯教育与家庭教育的影响

现如今，中国正处于"十四五"的关键时期，新时代的建设者以及即将进入历史舞台的下一代新生力量所面临的将是前所未有的时代机遇。在这种情况下，个体在做生涯决策时，就有必要具备对国际时势政治的视野与格局、对国内宏观政策的关注与理解、对当前以及未来的经济发展趋势的预判。因此，我们在对未来人生进行考量和设计时，需要重现政策环境变迁对社会发展与个人发展可能带来的多样性影响，只有这样我们的定位与方向才不会偏离。

3. 熟悉人口结构变化对生涯教育与家庭教育的影响

2021年，《中共中央　国务院关于优化生育政策促进人口长期均衡发展的决定》宣布实施"一对夫妻可以生育三个子女"的政策及配套支持措施，进一步优化了生育政策。由此，中国的人口结构将更加趋于合理化。同时，新一代的家长也在重新思考与审视对下一代教育的定义与期待。家长们亟需站在全生命周期的视野下，关注政治经济与环境格局，专注于以孩子自身特质为根本的个性化教育与培养模式，在下一代的成长过程中给

---

[1] 罗双平.职业生涯阶段划分［J］.中国人才，2000（2）：35.

予有效的陪伴，与孩子一起制定人生不同阶段的成长规划与发展目标。

人口政策调整、人口结构变化等给个体的自我成长、生活和事业带来了不容小觑的影响；与此同时，家庭教育的理念和方式也将迎来新一轮的变化。因此，我们应该把生涯教育与家庭教育纳入宏观的系统综合考量，掌握好政策、利用好内外部资源，促进生涯教育与家庭教育更好地发展。

4. 体察新一轮科技革命和产业变革中新行业新职业对生涯教育与家庭教育的影响

从全球视角来看，每一次科技革命和产业变革都将催生新行业、新职业、新岗位。近年来，国家人力资源和社会保障部与国家市场监管总局、国家统计局不断发布新职业。"新职业的'新'不仅在于新的职业内涵和就业岗位，还体现为新的就业形式、雇佣关系和就业心态等，以及呈现出的集中新经济领域、注重人工智能和数字虚拟技术应用、有序向服务业转移、任务碎片化、工作弹性大、兼职机会多、基于合作的自由就业方式日趋取代传统意义上的雇佣关系等鲜明特征。新职业最突出的特点是改变了以往帮助大量'就业难'人群快速进入职场、送入生产流水一线岗位的育人观，转变为帮助年轻人获得应对未来不确定职场所必备的复合型、应用型、创新型能力的育人观。"[1]面对新形势、新要求，在基础教育阶段开展以培育职业核心素养为导向的生涯教育和家庭教育就尤为关键和必要。

5. 适应教育信息化对生涯教育与家庭教育的影响

教育信息化是国家信息化的重要组成部分，是促进教育公平、提高教

---

[1]　王敬杰. 新职业涌现，职教如何精准应对［N］. 中国教育报，2021-03-23（5）.

育质量和办好人民满意的教育的关键，对加快构建服务全民终身学习的现代教育体系具有革命性推动作用。随着智能时代的发展，大数据的运算能力所匹配的数据量远远超越了测评题库所能采集与运算的数据量。大数据技术的广泛应用能够让计算机根据海量的数据高效地计算，并得出客观的分析。大数据技术与测评量表有效结合，从概率、效率、可靠性上对测评量表进行更为广泛的质与量的升级则指日可待。届时，每个人都能得到基于其个体独特特质与立场的、客观的、个性化的成长发展评估报告。这有助于每个人清晰地看到自己的成长轨迹与发展节奏，根据自己的实际情况进行有效的提前干预与有目标的成长规划。

（三）竭力探寻生涯教育坐标下家庭教育的新基点

国家十分关注儿童青少年的素质发展，尤其是学生的核心素养发展。学生核心素养发展指的是学生适应复杂社会情境需要的知识、能力和态度的发展。[1] 本报告编写团队经过对比发现，生涯素养与学生核心素养的重要性和地位类似，同时，生涯素养发展具有与学生核心素养发展类似的特点，基于此，本报告认为，"生涯素养"将成为新时代背景下家庭教育乃至家校社协同教育的新基点，其主要特征表现为：①整体性。个体生涯素养的发展不仅是单纯的能力或技能的发展，而是知识、能力和态度以及德智体美劳多种素质能力的全面、整体的发展。②情境功能性或养成性。个体生涯素养的发展不是先天本能的发展，而是后天复杂社会生活情境中

---

[1] 胡定荣. 学生发展核心素养的发展观及其教学变革 [J]. 课程·教材·教法, 2017 (10)：56-62.

需要的知识、能力和态度的发展，这意味着生涯素养是可教可学的。③可持续性。个体生涯素养的发展贯穿学校学习的全部阶段和成人生活，具有连续性和阶段性，体现了终身学习或终身发展的理念。④普遍性。个体生涯素养的发展不是特殊职业能力或学科能力的发展，其旨在为学生未来发展打下全面的基础。⑤全体性或共同性。生涯素养能力并不是少数学生才能获得的高级能力，而是全体学生都应具备的知识、能力或态度，体现了公民共同素养的发展要求。⑥关键性或价值选择性。个体生涯素养的发展是要在学生众多的发展要求中做出价值选择，突出学生终身发展和社会性发展必备的知识、能力和态度的发展。

以上六点正彰显了生涯素养作为新时代背景下家庭教育乃至家校社协同教育新基点的可行性与重要性。

新时期我国生涯教育与家庭教育
新基点的科学架构

在谈及新时期我国生涯教育与家庭教育新基点的科学架构相关问题之前，我们必须要厘清如下几个维度的重难点问题：

一是在研究体系上，需要构建起家庭、学校、社会各方资源汇集而成的智库研发体系；二是在时间维度上，需要以个体发展水平的各个阶段为划分依据，着眼不同阶段的生涯教育；三是在内容维度上，需要始终贯彻由基底生长的、可以贯穿生命终始的生涯素养核心能力；四是从生态系统理论来看，个体的发展离不开自我的努力与外界的支持；五是从个体自我方面来看，需要重点关注个体发展的驱动力，搭建以冰山模型为基础的自驱力体系，形成以内生动力为主要驱动力的个体自我成长的自驱习惯；六是从外界支持方面来看，个体自驱需要与微观、中观系统的教师和家长协同发力。在最后一点上，为了培养足以支持教师与家长协助个体成长的人才资源，我们建议围绕生涯教育与家庭教育开展融会贯通的学科专业建设。图 7-1 从时间与内容两个维度展示了生涯发展教育体系搭建的重点。

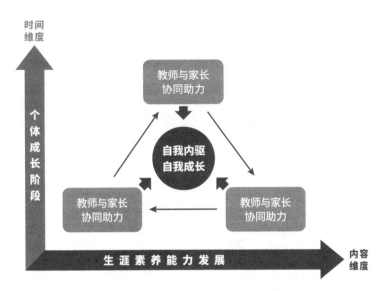

图 7-1　生涯发展教育体系搭建示意图

一、构建汇集家校社各方资源的专家委员会研发体系

有关生涯规划教育与家庭教育体系融会贯通的研究，应该由来自科研机构、学校以及德育、体育、艺术、健康、前沿科技等社会各界各阶层、不同领域、不同行业的专家、业务骨干、一线工作者、家长代表、学生代表等不同人群组成专家委员会来负责。专家委员会需要依据不同研究方向和领域建立课题组，汇集各方资源，听取各方建议，收集不同维度的案例与实践解决方案，共同展开讨论、调研、实践、撰写等工作，形成有效的动态联动机制，每年定期发布研究成果。

（一）政策解读与研究机构的专家

邀请政策制定、编写、解读方面的专家以及由教育科研机构组织的专家参与课题组，及时了解与把握国家的教育与人才发展战略，深刻领悟《中国教育现代化2035》的方针、思路、目标与要求。专家们需要在课题研发之初给予准确的定位与方向的把关，给予科学、理论、专业的指导。更重要的是，专家需要立足国家在新时代背景下的整体发展战略，以立德树人为目标，进行切实可行的改革、创新与实践，为助力我国的社会主义发展培养时代新人。

（二）学校基层教师

首批生涯发展教育与家庭家长教育领域的课程开发师、培训师、指导师都应该来源于大中小学、幼儿园等基层一线。具体来说，特级教师、拥有多年丰富教学经验的优秀教师、拥有家庭或家长教育经验的教师都可以胜任。这些拥有丰富一线实践经验的教师组成的教研团队，可以将各学段、各地方、各类人群、各类不同的案例与经验整理成教材，搭建出学业阶段的生涯发展规划与家长教育指导体系。

（三）深耕普通教育与职业教育的专家

有必要同时邀请普通教育与职业教育领域的专家，让他们站在全生命周期生涯发展以及未来职业发展的角度，在家长教育与生涯发展教育体系的设计之初，关注人生发展的长远目标；同时，指导教师与家长在培养下一代的过程中以更加科学有效的方法，为每个孩子制定个性化的职业发展规划。

（四）健康、体育、艺术类专家

开展生涯规划教育可以邀请来自医院、健康、营养、体育、艺术、文化行业的专家，根据其从业经验与相关研究帮助孩子找到自己的职业发展方向。这些专家可以组成教研团队，搭建起健康成长阶段的生涯发展规划与家长教育体系。

（五）前沿科技、新兴产业专家

邀请一批来自用人企业的 HR、项目经理、员工，以及职业教育、终生教育、继续教育专家。他们组成的教研团队，也能够为搭建就业与职业发展阶段的生涯发展规划与家长教育体系贡献力量。

（六）家长与学生代表

此外，有必要邀请有成功家庭教育经验的家长代表、有成功的个人成长与奋斗经验的学生代表共同参与课题研究。家长和学生可以从自己的个人经验中总结出丰富的成长案例与实践方法，进一步充实家庭建设、自我成长、生涯发展规划的案例库与实践方法论体系。

二、立足国家发展与未来职业设计人才培养体系

（一）未来职业的变化速度超乎想象

2021 年 4 月 30 日，《中华人民共和国职业分类大典》（简称《大典》）

修订工作启动会在北京召开，会上宣布正式启动对 2015 年版《大典》的修订工作。2022 年 9 月，2022 年版《大典》审定颁布。《大典》中首次增加"数字职业"标识（标识为 S），共标识数字职业 97 个。

不难看出，伴随着时代的发展、新科技的诞生，社会对职业的定义与分类也在发生着改变。现在还在幼儿园里的孩子们，待他们长大成人之时，许多人可能会从事我们从未听说过的新职业。在科技发展与信息融合的新时代，职业与产业的变化速度远远超出我们的想象，因此，在看待子女的生涯发展或自己的职业规划时，我们应当跳出原有的认知瓶颈与经验局限。

（二）产业升级带来新的人才需求

就业岗位、职业前景、行业发展是人们始终关注的话题。"十四五"规划中提出的科技、智造、能源、消费、医疗、农业六大国家战略性新兴产业，将是接下来五年中提供就业岗位最多的产业。如何把握住时代发展和产业升级的机遇，提前做好下一代的职业规划，是每位教育从业者以及家长迫切关注的问题。早了解、早关注、早干预、早规划，采取有效的行动策略，才能跟上时代发展的脚步。

1.量子科技加速走向实用化

量子信息技术目前发展到一个全新阶段，无论是国家战略需求还是科研产业发展，都需要提前谋篇布局。谷歌、英特尔、微软，以及我国的阿里巴巴、腾讯、百度、华为等科技巨头都成立了量子实验室，量子信息技术人才需求持续增长。

2. 医疗健康产业出现更多可能

"十四五"规划纲要做出了"全面推进健康中国建设"的战略部署，将对中国医疗健康行业的发展格局带来巨大变化，也将为企业创造更多机遇；同时，健康行业与其他产业的融合发展也会带来更多新机遇。

3. 制造业进入优化升级阶段

根据"十四五"规划推进先进制造业集群发展，是我国推动制造业优化升级、参与全球产业链分工合作的重要途径。当前，我国制造业人才聚集高地初步形成，制造业人才发展环境逐渐改善，这样的政策和社会环境将十分有利于制造业人才成长和发挥作用。

4. 节能环保产业迎来巨大发展空间

节能环保产业是国家加快培育和发展的七个战略性新兴产业之一，既有带动经济增长的作用，又有助于解决环境问题。它将成为"十四五"时期支撑我国供给侧结构性改革的重要动能，其产业规模将进一步扩大。我国目前的环保产业市场非常广阔，迫切需要专业的环保类人才。

5. 芯片行业进入爆发期

随着芯片行业的蓬勃发展、政府资金的大量投入，未来 20 年，芯片在我国无疑将成为一个朝阳产业，并进入一轮爆发期。目前，国内的芯片人才缺口非常大。根据中国电子信息产业发展研究院、中国半导体行业协会等单位发布的信息，2022 年，芯片专业人才缺口达 25 万人。

6. 新职业创造新机遇

2022 年 9 月，人力资源和社会保障部发布新修订的《中华人民共和国职业分类大典》，2022 年版《大典》与 2015 年版相比，新增了 158 个新职业，总职业数达到 1639 个。新职业不仅数量多，而且每个新职业的"含金量"更高，前景更广阔。

"人社部分析报告显示，未来 5 年，我国对供应链管理师的需求总量将达 600 万人左右；对农业经理人的需求总量达 150 万人左右；无人机驾驶员需求量近 100 万人；工业机器人系统运维员需求量 125 万人左右。"[1]

教育工作者以及家长需要更加积极地了解产业变化，提前帮助学生做好不同阶段的生涯发展规划，指导学生开阔视野，关注技术进步与产业更新，提前做好知识能力、专业能力、职业素养能力的储备，及时转变就业、择业观念，以跟上时代的步伐，抓住未来的就业机会。

三、尊重科学规律，形成不同年龄阶段的生涯规划

个体在每个阶段都有不同的发展任务。如果我们把成长过程中培养起来的能力以年龄坐标绘制成一张图谱，每一个年龄阶段的成长目标所对应的能力图谱都应该是不同的。比如，在 6 岁之前劳动能力表现为学会自己穿衣、吃饭、收纳玩具、摆好碗筷等；而在成人阶段，个体进入社会，在不同场合、扮演不同角色时，其劳动能力的表现就有所区别了。具体来说，在职场中，个体的劳动能力体现为执行力、解决问题的能力以及抗压能力等；在家庭中，个体的劳动能力则表现为家庭建设、家务担当、子女养育、赡养老人等；在社会中，个体的劳动能力体现为公益行动担当、社会责任担当等。

---

[1] 李心萍. 新岗位 新机遇 [N]. 人民日报，2021-06-16（3）.

由此可见，身处不同环境的个体因为扮演的角色不同，其应当承担的责任、拥有的能力、表现的价值观也会有所不同。综上所述，依据个体成长的特点以及每个阶段的典型能力构成，我们将生涯规划分为健康成长、习惯养成、学业发展、职业发展四大阶段。

（一）健康成长阶段生涯规划（幼儿期 0 ～ 3 岁）

0 ～ 3 岁是个体生涯规划的初始阶段，此时应注意孩子的健康成长问题。这一阶段，儿童身心发展最快。他们的身高和体重迅速增长，特别是神经系统结构的发展十分迅速；其感知觉也在飞速发展；这个时期的儿童成长规律一般遵循由头至脚、由大动作至小动作的发展原则，一点点地掌握人类行为的基本动作；其语言能力迅速发展；在社会交往上，他们会表现出一定的交往倾向，且乐于探索周围世界；在家庭环境中，他们对家长会产生较为强烈的依赖感；此外，其道德发展处于前道德期。[1]

这一时期，家长需要重点关注儿童的卫生习惯培养，科学饮食，发展过程中的异常表现，对儿童的行为进行鼓励、表扬等正面教育，为其创设充分活动的空间和条件，同时也要密切关注母亲的身心健康状态。

具体来说，在这一时期的生涯规划中，家长需要做到：①提倡母乳喂养；②主动学习儿童日常养育和照料的科学知识与方法；③帮助儿童制定生活规划；④丰富儿童感知经验；⑤关注儿童需求；⑥提供言语示范，创造轻松愉快的言语交往环境；⑦培养安全意识，防止意外伤害的发生；⑧加强

---

[1] 全国妇联，教育部等九部门．全国妇联　教育部等九部门关于印发《全国家庭教育指导大纲（修订）》的通知［Z］．2019-05-14.

亲子陪伴，处理好亲子关系；⑨重视发挥家庭各成员角色的作用，包括但不限于父母、祖父母联合教养等；⑩做好入园准备，与幼儿园教师积极沟通，让孩子平稳度过入园分离焦虑期。[1]

（二）习惯养成阶段生涯规划（儿童期 3 ～ 12 岁）

3 ～ 12 岁是个体生涯规划的第二大阶段，此时需要关注孩子习惯养成的问题。其中，3 ～ 6 岁的儿童正处于身心快速发展的时期。他们的身高和体重正在稳步增长，其大脑、神经、动作技能等会获得长足的进步；同时，他们的自我独立意识不断增强，开始表现出一定兴趣、爱好、脾气等个性倾向。在情绪能力发展上，他们已初步具备自我情绪调节能力；在社会交往上，他们愿意与同伴交往，乐于分享；在学习能力上，他们的语言表达能力较强；在家庭环境中，他们倾向于依恋家长，会产生分离焦虑；在道德能力发展上，他们正处于道德他律期，其独立性、延迟满足能力、自信心都有所发展。

而 6 ～ 12 岁的儿童则处于生理发展相对平稳、均衡的时期。此时，儿童生活面临的一个重大转折是入校学习。他们的身高和体重会加速发展；其大脑仍在持续快速发展，以具体思维为主，逐步向抽象思维过渡；在情绪发展能力上，他们的情绪总体稳定，偶有较大波动；他们的个人气质更加明显；同时，他们能逐步客观进行自我评价，且注重权威评价；在社会交往方面，他们的社会交往能力增强，开始有较为稳定的同伴关系；

---

[1] 全国妇联，教育部等九部门．全国妇联 教育部等九部门关于印发《全国家庭教育指导大纲（修订）》的通知［Z］．2019-05-14.

在学业方面，他们的学习能力逐步提高，学习策略逐步完善；另外，他们的自理能力也增强了。[1]

这一时期，需要重点关注儿童的人际交往能力、社会适应能力、道德行为习惯、生命教育、良好学习习惯的养成、健康生活习惯的培养等。

具体来说，在这一时期的生涯规划中，家长需要做到：①和儿童外出游玩、观看影视文化作品，感知家乡与祖国的美好；②引导儿童关心、尊重他人，学会进行良好的人际交往；③培养儿童的规则意识，增强其社会适应性，注意在儿童遇到困难时给予鼓励、疏导、帮助和支持；④加强儿童营养保健和体育锻炼；⑤丰富儿童感性经验，避免开展超出儿童认知能力范围的超前教育和强化训练；⑥提高安全意识，提高其自我保护能力；⑦培养儿童生活自理能力和劳动意识；⑧科学做好入学准备，做好幼小衔接；⑨培养儿童朴素的爱国情感；⑩提升儿童的道德修养，创设健康向上的家庭氛围；⑪培养儿童珍惜生命、尊重自然的意识，养成勤俭节约、低碳环保的生活习惯；⑫培养儿童良好的学习习惯，用全面和发展的眼光看待、评价儿童，增强儿童学习信心；⑬培养儿童健康的生活习惯；⑭培养儿童的劳动习惯；⑮积极参与家校社协同教育，主动与学校沟通联系，自觉接受家庭教育指导等。[2]

---

［1］　全国妇联，教育部等九部门．全国妇联　教育部等九部门关于印发《全国家庭教育指导大纲（修订）》的通知［Z］．2019-05-14.

［2］　全国妇联，教育部等九部门．全国妇联　教育部等九部门关于印发《全国家庭教育指导大纲（修订）》的通知［Z］．2019-05-14.

（三）学业发展阶段生涯规划（青春期12～18岁）

12～18岁是个体生涯规划的第三大阶段，此时需要关注学业发展问题。这时的儿童和青少年处于从童年向成年过渡的时期。他们的生殖器官逐步发育，会出现性冲动和性好奇；在身体健康发展方面，他们整体身体素质较好；在大脑与认知的发展上，他们的大脑发展迅速，其抽象思维能力增强，记忆和观察水平不断提高；同时，他们的自尊心强，重视外表，建立自我同一性成为本阶段其最重要的任务；在情绪能力发展上，他们的情绪波动较大，敏感易怒，容易有挫折感，情感较为内隐；在家庭环境中，他们容易和家长产生冲突；在社会交往上，他们重视同伴交往及其评价，对父母的依恋逐渐减少；除此以外，他们的责任心增强，自我控制能力也会有明显的发展。

15～18岁的儿童和青少年则进入了青春中后期。他们身体各器官逐步发育成熟并处于相对的稳定期；其认知结构的完整体系也已基本形成，其中，发展最好的是抽象逻辑思维；然而，这一时期的青少年情绪稳定性较差，情感内隐，且容易产生孤独感；他们重视同性和异性的友谊，可能会萌发爱慕感情；同时，其自制力和意志力逐渐增强但仍不成熟；独立性发展也很快，有了一定的决断力；除此之外，其观察力、联想能力也在迅速发展。[1]

这一时期，需要重点关注儿童与青少年的国家意识和价值观教育、人格发展和性教育、法制观念的培养、交往合作能力的提高、责任意识的培

---

[1] 全国妇联，教育部等九部门．全国妇联 教育部等九部门关于印发《全国家庭教育指导大纲（修订）》的通知［Z］．2019-05-14.

养和升学压力等问题。

具体来说，在这一时期的生涯规划中，家长需要做到：①重视价值观教育，让儿童和青少年正确认识与分析问题，明辨是非；②重视青春期的人格发展，正确对待他们的"叛逆"行为；③增强儿童和青少年的学习动力，帮助他们正确应对考试压力，克服考试焦虑；④提高儿童和青少年的信息素养，同时预防他们网络游戏成瘾；⑤对儿童和青少年适时、适度进行性教育；⑥建立良好的亲子关系，积极进行良性的亲子沟通；⑦重视生涯规划指导，与孩子一起进行职业认识和选择；⑧让孩子树立国家意识，将个人理想与国家发展、现实奋斗相结合；⑨培养儿童和青少年的法制观念，切实维护他们的权益；⑩提高儿童和青少年的交往合作能力；⑪培养儿童和青少年的责任意识，帮助他们正确处理个人与自我、他人、社会的关系，勇于承担责任；⑫加强美育，培养孩子正确的审美观，形成文明健康的生活方式；⑬指导儿童和青少年以平常心对待升学问题，尊重他们对自身的未来规划和发展意愿，并在必要时提供指导与支持。[1]

（四）职业发展阶段生涯规划（成年期18岁以后）

18岁之后，个体的生涯规划步入了第四个阶段，此时关注的重心在于个体的职业发展问题。在这一阶段，青少年从高中毕业，升入大学。大学生职业发展规划指大学生通过对自己的性格、个性、能力、兴趣和价值观等进行自我剖析和评价，在对各种职业、行业、环境的需求趋势以及关键

---

[1]　全国妇联，教育部等九部门 . 全国妇联　教育部等九部门关于印发《全国家庭教育指导大纲（修订）》的通知［Z］. 2019-05-14.

成功因素的全面客观认识的基础上，进行自我定位，确立自己的职业发展方向和目标，选择职业发展道路，制订相应的教育、培训等学习计划和发展计划，采取各种积极的行动以实现职业生涯发展目标的过程。[1] 在这一阶段，青少年大多数远离了家庭和父母，去大学所在的城市学习、生活和工作。这时，家庭环境的影响与青少年的生涯规划的关系不那么紧密了。

高校大学生在职业发展阶段的生涯规划目前没有得到广泛的普及，缺乏更加系统的安排；学生的个人发展规划意识也较为淡薄，缺乏个性化的指导；同时，高校有关大学生个人发展规划的专业师资队伍也十分匮乏。[2] 具体来说，有研究者认为，大学生的职业发展规划需要在大学四年的不同时期都有针对性的任务和目标：大一应侧重于适应能力、时间管理、学习指导和创新素质培养；大二应侧重于人际关系辅导、压力调节和自我塑造与管理；大三应侧重于情绪情感辅导、创新实践能力和心理素质辅导；大四应侧重于求职择业生涯发展辅导、心理素质辅导和自我修养辅导。[3] 这一阶段，职业发展生涯规划需要关注六个关键因素：①生涯觉知，即个体认识到职业生涯规划的重要性，并愿意认真规划自己的职业愿景、确立行动方向；②自我探索，即认识自己、了解自己；③环境探索，即了解自己想要从事的行业的相关信息、宏观经济环境、国家的方针政策等；④生涯决策，即在自我探索和环境探索的基础上确定职业目标以及达成目标的各种可操作性方案；⑤生涯行动，即在确定生涯目标之后，个体

[1] 王琦. 大学生职业生涯辅导模式的研究 [D]. 天津：天津大学，2006：11.

[2] 薛蓉艳. 大学生个人发展规划研究 [D]. 荆州：长江大学，2013：18.

[3] 薛蓉艳. 大学生个人发展规划研究 [D]. 荆州：长江大学，2013：6.

认真学习科学文化知识和各种技能，将目标付诸实践；⑥生涯调整，即做好准备，灵活应对生涯发展过程中的变化，适应新的形势要求，以便更好地实现个体的职业理想。[1]

从学校走向社会，个人将面临全新的挑战，如何在社会上更好地生活，体现自己存在的价值，是大学生群体需要思考的问题。即将踏入社会的大学生，应该明确自己未来发展的方向，准确地进行自我定位，进而合理规划自己的人生，确定自己每一天的日程和目标，并付诸实践。这样就可以减少在人生道路上的一些不必要的徘徊和犹豫，全身心地投入自己的计划，为迎接未来做好充分的准备。职业发展规划就是要让学生学会从自身出发，结合自己的实际情况去选择职业，做出合理的发展计划，在未来的道路上勇往直前，不断进取，迎接更好的生活，实现自己的人生价值。[2] 这一阶段的生涯规划，渐渐从家长、学校指导孩子，变成了孩子的自我指导、选择和规划，学校会辅助提供相应的资源。[3] 此时，家长需要做的是：①帮助孩子更加全面地认识自我；②让孩子意识到职业发展规划的重要性；③帮助孩子在选择专业时，结合未来职业选择进行最终抉择；④系统地、有条理地进行自我职业发展规划；⑤督促孩子，提高其职业发展规划的执行力等。[4]

---

[1]　吴晓雄，刘敬芝．职业生涯规划教育对大学生自我发展作用的研究——以某"211工程"大学为例 [J]．西南交通大学学报（社会科学版），2017（4）：59-69.

[2]　刘巍．大学生职业发展规划的重要性探究 [J]．产业与科技论坛，2015（23）：131-134.

[3]　尹雪鸿，蒋豪．大学生职业生涯规划的路径探析 [J]．宿州教育学院学报，2013（3）：86-88.

[4]　张振铭，李霞．地方本科院校大学生职业发展规划的方法与途径 [J]．林区教学，2016（10）：66-68.

四、落实贯穿始终的生涯素养核心能力模型搭建思路

（一）如何搭建生涯素养的核心能力模型

站在产业前沿，我们应该看到的是未来20年、30年国家是一个什么样的产业结构，有什么样的人才需求，未来的职业与岗位有哪些，家长与教育从业者应该以什么样的观念、在怎样的视野下培养下一代。我们希望通过本书，在家庭、学校、社会三位一体协同共育的多元维度，给家长、学校、社会打开一个全新的视野，希望能够帮助家长与教育工作者从百年树人的视角，以生涯素养全面发展为培养方向，以为党和国家培养未来人才为目标，探索与搭建新时代背景下有助于未来人才培养与发展的生涯素养能力模型与教育评价体系。

当下，我国在义务教育阶段正在大力提倡"五育并举"。站在产业发展与未来人才需求的角度看"五育"并举，其人才素养能力的培养目标对应的正是未来人才在未来职业中的核心竞争力与岗位胜任力，也就是生涯素养能力。未来社会、未来职业需要的是未来人才，对未来人才来说，生涯素养能力是决定其职业胜任力的关键，是决定生涯可持续发展的关键，而生涯素养能力恰恰立足于"五育"；生涯素养能力又会体现在个体成人、成才之后，在社会、职业、家庭等不同环境与角色中的胜任力与责任担当。

（二）"五育"并举的素质教育是生涯素养培养的基础

2019年6月，《中共中央　国务院关于深化教育教学改革全面提高义

务教育质量的意见》提出，坚持"五育"并举，全面发展素质教育。"五育"并举指的是德智体美劳全面发展。

1. 德育

全面发展素质教育，突出德育实效。完善德育工作体系，认真制定德育工作实施方案，深化课程育人、文化育人、活动育人、实践育人、管理育人、协同育人。大力开展理想信念、社会主义核心价值观、中华优秀传统文化、生态文明和心理健康教育。加强爱国主义、集体主义、社会主义教育，引导少年儿童听党话、跟党走。加强品德修养教育，强化学生良好行为习惯和法治意识养成。

2. 智育

全面发展素质教育，提升智育水平。着力培养认知能力，促进思维发展，激发创新意识。严格按照国家课程方案和课程标准实施教学，确保学生达到国家规定的学业质量标准。充分发挥教师主导作用，引导教师深入理解学科特点、知识结构、思想方法，科学把握学生认知规律，上好每一堂课。突出学生主体地位，注重保护学生好奇心、想象力、求知欲，激发学习兴趣，提高学习能力。加强科学教育和实验教学，广泛开展多种形式的读书活动。

3. 体育

全面发展素质教育，强化体育锻炼。坚持健康第一，实施学校体育固本行动。严格执行学生体质健康合格标准，健全国家监测制度。除体育免修学生外，未达体质健康合格标准的学生不得发放毕业证书。开齐开足体育课，将体育科目纳入高中阶段学校考试招生录取计分科目。科学安排体育课运动负荷，开展好学校特色体育项目，大力发展校园足球，让每位学生掌握 1 至 2 项运动技能。

4. 美育

全面发展素质教育，增强美育熏陶。实施学校美育提升行动，严格落实音乐、美术、书法等课程，结合地方文化设立艺术特色课程。广泛开展校园艺术活动，帮助每位学生学会 1 至 2 项艺术技能，会唱主旋律歌曲。引导学生了解世界优秀艺术，增强文化理解。鼓励学校组建特色艺术团队，办好中小学生艺术展演，推进中华优秀传统文化艺术传承学校建设。

5. 劳动教育

全面发展素质教育，加强劳动教育。充分发挥劳动综合育人功能，制定劳动教育指导纲要，加强学生生活实践、劳动技术和职业体验教育。优化综合实践活动课程结构，确保劳动教育课时不少于一半。家长要给孩子安排力所能及的家务劳动，学校要坚持学生值日制度，组织学生参加校园劳动，积极开展校外劳动实践和社区志愿服务。

（三）从"五育"到"五元"，搭建生涯素养的核心能力模型

1. 生涯素养能力的基础

"五育"并举所培养起来的素质与能力是贯穿整个人生终始的核心基础能力，也是"生涯素养能力"培养的基础。"五育"并举来源于教育家蔡元培在 1912 年担任第一任教育总长时，在《对于教育方针之意见》一文中所提出的思想主张。蔡元培根据民主国家的需要，为养成共和国民

健全之人格，提出了军国民教育、实利主义教育、公民道德教育、世界观教育和美育"五育"并举的教育方针。此教育方针是对清末学部"忠君、尊孔、尚公、尚武、尚实"五项教育宗旨的修正。蔡元培认为，尚公即公民道德教育；尚武即军国民教育；尚实即实利主义教育；而忠君与共和政体不合，尊孔与信仰自由相违，所以删去，代之以世界观教育，以迎合世界潮流，打破人我彼此的偏见。此五者虽有缓急主辅之不同，却都不可偏废。

时至今日，"五育"并举的教育也在与时俱进，已发展为德智体美劳和谐发展的教育。"五育"并举的核心是育人，从人才培养来看，"五育"符合个体全面发展的教育规律。

我国教育现代化的核心体现在人的现代化上，即教育要培养出现代的人，从学校走出去的人要具有现代人应该有的理想信念、必备品格和关键能力。新时代重提"五育"并举有着特别意义，需要家庭、学校、社会在教育过程中承担各自的责任，发挥各自的作用，将育人的目标指向培养国家未来的合格建设者和可靠接班人。

2. 生涯素养能力的概念

"生涯素养能力"指影响个体一生的最根本的五大核心基础能力（即"五元"能力），分别为人格素养能力（德）、科学素养能力（智）、身体素养能力（体）、艺术素养能力（美）和劳动素养能力（劳）。同时，生涯素养能力也是未来社会、未来职业需要未来人才所具备的能力。生涯素养能力与知识、技能一起决定了胜任力，构成了未来人才的核心竞争力。

生涯素养能力模型强调以自我本体为中心，以全人生的生涯发展为主线，从"心灵、健康、艺术、智慧、行动"五个维度构建起整个人生能力发展模型。生涯素养能力模型是贯穿生命周期不同时期的能力图谱，并由此延展出十大内因动力和十大一级外显能力。前者包括自爱、自强、自信、自律、自主、自研、自立、自驱、自省、自尊，后者包括生命力、运动力、自信力、审美力、判断力、创造力、抗压力、自驱力、反省力、利他力。与此同时，一级外显能力还会进一步延伸出二级能力、三级能力、四级能力……直至延展至整个生涯的全部职业能力，贯穿个体的整个生命周期。

同时，生涯素养能力还是一个动态的发展裂变指标。随着个体的成长，生涯素养能力会向纵深发展，会呈现在生活、工作、学习的方方面面。

新一代家长在养育下一代的时候，要注意孩子不同生命周期的特征，不能忽视其成长与发展规律，设计与孩子身心特点相矛盾的生涯发展路径。生涯素养能力模型（见图7-2）展示了孩子在不同维度所需要培养起来的素养能力，可以为家长和教育工作者提供直观清晰的参考。

图7-2　生涯素养能力（"五元"能力）模型

五、建立生涯素养"五元"能力育人体系

本部分主要研究完整生命周期内不同年龄阶段所需要重点关注的生涯素养能力，为家长与教育从业者在对孩子进行教育过程中，提供生涯发展与规划的指导。针对18岁之前的幼儿、儿童以及青少年，我们将关注德、智、体、美、劳五个方面相对应的人格素养、科学素养、身体素养、艺术素养、劳动素养的发展；针对18岁以上的成年人，我们主要关注职业能力的发展与规划。

（一）人格素养能力发展规划

1. 概念界定及重要性阐释

不同研究者对人格健康的理解各有侧重。例如，有学者认为，人格健康是一种在结构上和动力上向崇高人性发展的人格状态，它是多种人格特征的完备结合与有机统一。[1] 有观点认为，人格健康是一种正常发挥的心理机能特性，其基本属性为和谐性、适应性、自主性和发展性。[2] 还有观点认为，人格健康的个体能与现实环境保持良好的接触，对环境能做正确、客观的观察，能有效适应环境；对生活中的各种问题能以切实的方法加以处理，而不是企图逃避。[3] 虽然他们的观点有所差异，但他们都认为人格健康是指人格的全面、健康、和谐的发展。

---

［1］ 乔爱平.浅论大学生健康人格的培养［J］.教育理论与实践，2009（S1）：65-66.

［2］ 陈建文.健康人格教育的理论透视［J］.高等教育研究，2010（3）：81-87.

［3］ 孙昌龄.青年心理健康顾问［M］.北京：中国青年出版社，1987：10-13.

综上所述，健康的人格会通过内在的平衡机制调节与外界的关系，适应社会，提升个人潜能，满足社会的需要。人格健康是个体树立坚定的理想信念、获得正确的自我认知和自我发展的能力、持有积极乐观的生活态度、建立和谐的人际关系、培养优秀的道德品质、实现良好的情绪调控的重要基础。如果个体无法获得健康的人格，那么他将会失去对自我的认识，失去对周围环境、工作和生活的调节能力，变得难以适应环境的变化，无法及时、良好地发展自我。

2. 国家政策的支持

2021年9月，国务院印发的《中国儿童发展纲要（2021—2030）》（简称《纲要》）明确提出："加强儿童心理健康服务。构建儿童心理健康教育、咨询服务、评估治疗、危机干预和心理援助公共服务网络。中小学校配备心理健康教育教师。积极开展生命教育和挫折教育，培养儿童珍爱生命意识和自我情绪调适能力。关注和满足孤儿、事实无人抚养儿童、留守儿童和困境儿童心理发展需要。提高教师、家长预防和识别儿童心理行为异常的能力，加强儿童医院、精神专科医院和妇幼保健机构儿童心理咨询及专科门诊建设。大力培养儿童心理健康服务人才。"[1]

《纲要》提出，要"培养儿童良好思想道德素质、法治意识和行为习惯"，"将立德树人落实到家庭教育各方面。父母或其他监护人应将立德树人作为家庭教育的首要任务，将思想品德教育融入日常生活，帮助儿童开拓视野、认识社会，通过身边人、身边事，培养儿童的好思想、好品

---

[1]　国务院．国务院关于印发中国妇女发展纲要和中国儿童发展纲要的通知［Z］．2021-09-08．

德、好习惯，引导儿童树立正确的世界观、人生观、价值观。教育引导儿童践行社会主义核心价值观，学习中华民族优秀传统文化，厚植爱党爱祖国爱社会主义情怀。增强法治意识和社会责任感，从小学会做人、学会做事、学会学习，扣好人生第一粒扣子"[1]。

3. 人格素养能力发展规划

（1）幼儿期（0～3岁）

该阶段致力培养幼儿的自我概念，形成对自我与环境关系的基本理解，关注幼儿的心理健康，初步培养幼儿爱国守法、明礼诚信、团结友善等美德。

（2）儿童期（3～12岁）

该阶段致力增进儿童对心理健康知识的基本了解，提升儿童对思想品德的认识，获得辨别善恶的能力。

（3）青春期（12～18岁）

该阶段的目标是培养青少年形成进行自我心理诊断、心理调适和寻求心理辅导的能力，培养青少年心理健康自愈的能力和寻求帮助的技巧，帮助青少年形成正确的世界观、人生观和价值观。

（4）成年期（18岁以上）

该阶段拟培养成年期的个体维持心理健康、与他人共筑心理健康防线的意识、知识与能力，形成终身维护心理健康、提升道德修养的习惯，形成帮助他人维护心理健康、提升品德修养的意识和能力。

---

[1]　国务院.国务院关于印发中国妇女发展纲要和中国儿童发展纲要的通知［Z］.2021-09-08.

4.家庭教育指导机构与生涯规划师的职责

家庭教育指导机构和生涯规划师需要携手家庭和学校，共同关注儿童和青少年的心理健康、道德品质，帮助他们增强呵护心理健康的意识、提升恢复心理健康的能力、培养良好道德品质。同时，家庭教育辅导机构需要同社区和学校合作，提供辅导家长、培训教师的课程，辅以咨询服务和检测报告。生涯规划师则需要承担教学、辅导和研究的基本任务。

（二）科学素养能力发展规划

1.概念界定及重要性阐释

科学教育通过教育的形式培训劳动者，从而使生产力不断提高。科学教育的根本任务是通过传授科技知识培养科技人才。目前学术界关于科学教育的定义是："科学教育是一种通过现代科学技术知识及其社会价值的教学，让学生掌握科学概念，学会科学方法，培养科学态度，且懂得如何面对现实生活中的科学与社会的有关问题作出明智的选择，以培养科学技术专业人才，提高全民科学素养为目的的教育活动。"[1]

北京师范大学科学教育研究院院长郑永和表示，青少年时期是学生创新素质发展的黄金期、非认知能力养成的敏感期。而相关监测数据显示，我国青少年随着年级的升高，科学学习兴趣明显下降，动手实验能力、综合应用能力和高阶思维能力培育不足。对此，郑永和认为，把科技创新后备人才培养关口前移，厚植科学教育根基，对长远解决我国创新人才培养短板、从根本上改变高层次创新人才匮乏的窘境具有重要意义。

---

[1] 顾志跃.科学教育概论［M］.北京：科学出版社，1999：16.

2. 国家政策的支持

2021 年，《全民科学素质行动规划纲要（2021—2035 年）》（下文简称《纲要》）明确指出，在"十四五"时期，我国将着力提升基础教育阶段科学教育发展水平。具体来说，要"引导变革教学方式，倡导启发式、探究式、开放式教学，保护学生好奇心，激发求知欲和想象力"，完善"综合素质评价制度，引导有创新潜质的学生个性化发展。加强农村中小学科学教育基础设施建设和配备，加大科学教育活动和资源向农村倾斜力度。推进信息技术与科学教育深度融合，推行场景式、体验式、沉浸式学习。完善科学教育质量评价和青少年科学素质监测评估"。"实施教师科学素质提升工程"，"将科学教育和创新人才培养作为重要内容，加强新科技知识和技能培训"。"实施乡村教师支持计划。加大科学教师线上培训力度，深入开展'送培到基层'活动，每年培训 10 万名科技辅导员。"[1]

《纲要》还着重强调，在"十四五"期间，我国将推进高等教育阶段科学教育和科普工作、实施科技创新后备人才培育计划和建立校内外科学教育资源有效衔接机制等，以推动青少年科学素质的提升。

2021 年，《中国儿童发展纲要（2021—2030 年）》明确提出，要"提高儿童科学素质。实施未成年人科学素质提升行动。将弘扬科学精神贯穿教育全过程，开展学前科学启蒙教育，提高学校科学教育质量，完善课程标准和课程体系，丰富课程资源，激发学生求知欲和想象力，培养儿童的创新精神和实践能力，鼓励有创新潜质的学生个性化发展。加强

---

[1] 国务院. 国务院关于印发全民科学素质行动规划纲要（2021—2035 年）的通知［Z］. 2021-06-03.

社会协同，注重利用科技馆、儿童中心、青少年宫、博物馆等校外场所开展校外科学学习和实践活动。广泛开展社区科普活动。加强专兼职科学教师和科技辅导员队伍建设。完善科学教育质量和未成年人科学素质监测评估"[1]。

3.科学素养能力发展规划

（1）幼儿期（0～3岁）

该阶段将致力培养幼儿的基本科学素养，让幼儿了解基本的科学概念，加强学龄前儿童科学启蒙教育。

（2）儿童期（3～12岁）

该阶段致力提升儿童的科学素养，让儿童获得现代科学技术的相关知识，了解现代科学技术的社会价值；让儿童掌握基本科学概念，学会简单的科学方法，培养科学态度。

（3）青春期（12～18岁）

该阶段拟进一步提升青少年的科学素养、知识和技能。具体来说，该阶段将培养青少年在面对现实生活中的科学与社会的有关问题时做出明智的选择的能力，提升青少年进行科学研究的技能；激励青少年树立投身建设世界科技强国的远大志向，培养学生的爱国情怀、社会责任感、创新精神和实践能力。

（4）成年期（18岁以上）

该阶段主要计划培养成年期的个体形成终身提升科学素养的习惯。例如，支持大学生开展创新型实验、创业训练和创业实践（如与企业合作）

---

[1] 国务院.中国儿童发展纲要（2021—2030年）［Z］.2021-09-08.

项目，参与各类科技创新实践活动，等等。

4.家庭教育指导机构与生涯规划师的职责

家庭教育指导机构和生涯规划师需要携手家庭和学校，共同关注和提升儿童与青少年的科学素养。同时，家庭教育辅导机构需要同社区和学校合作，提供辅导家长和教师的课程，辅以咨询服务和检测报告。生涯规划师则需要承担教学、辅导和研究的基本任务。

（三）身体素养能力发展规划

1.概念界定及重要性阐释

有关"身体"的素养教育是指为促进个体身体健康而实施的教育。包括人体认识与保护知识教育、体育锻炼、个人卫生和生活习惯教育、营养教育、疾病与意外伤害的预防教育、性教育等。

洛克在《教育漫话》中说："健康的身体是幸福的一部分，而且健全的心智寓于健康的身体，我们应该首先学会保持身体健康。"中共中央、国务院印发的《"健康中国2030"规划纲要》也提出，"健康是促进人的全面发展的必然要求，是经济社会发展的基础条件"[1]。

2.国家政策的支持

2016年10月，中共中央、国务院印发的《"健康中国2030"规划纲要》第四章中专门阐述了"加强健康教育"的相关内容。其中，第二节提出"加大学校健康教育力度"，其具体要求为："将健康教育纳入国民

---

[1]　中共中央，国务院.中共中央　国务院印发《"健康中国2030"规划纲要》[Z]. 2016-10-25.

教育体系，把健康教育作为所有教育阶段素质教育的重要内容。以中小学为重点，建立学校健康教育推进机制。构建相关学科教学与教育活动相结合、课堂教育与课外实践相结合、经常性宣传教育与集中式宣传教育相结合的健康教育模式。培养健康教育师资，将健康教育纳入体育教师职前教育和职后培训内容。"[1]

2020年10月，中共中央办公厅、国务院办公厅印发的《关于全面加强和改进新时代学校体育工作的意见》中指出："学校体育是实现立德树人根本任务、提升学生综合素质的基础性工程，是加快推进教育现代化、建设教育强国和体育强国的重要工作，对于弘扬社会主义核心价值观，培养学生爱国主义、集体主义、社会主义精神和奋发向上、顽强拼搏的意志品质，实现以体育智、以体育心具有独特功能。""以习近平新时代中国特色社会主义思想为指导，全面贯彻党的教育方针，坚持社会主义办学方向，以立德树人为根本，以社会主义核心价值观为引领，以服务学生全面发展、增强综合素质为目标，坚持健康第一的教育理念，推动青少年文化学习和体育锻炼协调发展，帮助学生在体育锻炼中享受乐趣、增强体质、健全人格、锤炼意志，培养德智体美劳全面发展的社会主义建设者和接班人。"[2]

2021年9月，国务院印发的《中国儿童发展纲要（2021—2030年）》明确指出："普及儿童健康生活方式，提高儿童及其照护人健康素

［1］ 中共中央，国务院.中共中央 国务院印发《"健康中国2030"规划纲要》［Z］.2016-10-25.

［2］ 中共中央办公厅，国务院办公厅.关于全面加强和改进新时代学校体育工作的意见［Z］.2020-10-15.

养。""促进城乡儿童早期发展服务供给，普及儿童早期发展的知识、方法和技能。""增强儿童体质，中小学生国家学生体质健康标准达标优良率达到 60% 以上。""加大儿童健康知识宣传普及力度。强化父母或其他监护人是儿童健康第一责任人的理念""推进医疗机构规范设置'孕妇学校'和家长课堂，鼓励医疗机构、医务人员、相关社会组织等开展健康科普活动。""增强儿童身体素质。推进阳光体育运动，开足开齐体育与健康课。保障儿童每天至少 1 小时中等及以上强度的运动，培养儿童良好运动习惯。全面实施《国家学生体质健康标准》，完善学生健康体检和体质监测制度。鼓励公共体育场馆设施免费或优惠向周边学校和儿童开放，落实学校体育场馆设施在课余和节假日向学生开放政策，支持学校向体育类社会组织购买课后体育服务。进一步加大户外运动、健身休闲等配套公共基础设施建设力度。合理安排儿童作息，保证每天睡眠时间小学生达到 10小时、初中生达到 9 小时、高中生达到 8 小时。"[1]

从以上政策内容中可以看出，党和政府高度关注儿童、青少年身体健康的教育，鼓励家庭、学校与社会合作共育，保障儿童、青少年的健康成长。

3. 身体素养能力发展规划

（1）幼儿期（0～3 岁）

该阶段致力发展幼儿的基本生存能力，包括养成良好的卫生和生活习惯，初步了解灾难的类型与具备面对灾难的自我保护意识，初步培养幼儿的健康意识，开展适合幼儿身心特点的游戏活动，培养幼儿的体育兴趣爱

---

[1]　国务院．中国儿童发展纲要（2021—2030 年）［Z］．2021-09-08.

好，促进运动机能协调发展。

（2）儿童期（3～12岁）

该阶段致力培养儿童的生活能力，增进儿童对身体（如器官、骨骼等）的基本了解，令儿童获得防范灾害的技能和危险自救能力，适度提升儿童对死亡概念的认识，引导儿童思考死亡背后的故事，以及由生命消逝引发的悲欢离合，帮助发展的个体正确看待死亡，提高儿童呵护身体、珍惜生命的意识，帮助儿童形成良好的锻炼习惯、获得基本的运动技能（掌握1～2项运动技能）。

（3）青春期（12～18岁）

该阶段致力引导青少年养成健康的生活方式，形成积极向上的健全人格，获得防灾减灾的知识，借助学校教育、社会教育提升青少年对自我身体的关注和了解，获取关于医疗保健的基本知识，获得基本的性教育，帮助青少年提升基本运动技能。

（4）成年期（18岁以上）

该阶段致力促进成年人保持运动，养成终身锻炼的习惯，引导成年期个体关注身体健康和身体变化，综合考虑运动技能与职业发展的联系，培养运动专精的成年期个体。

4. 家庭教育指导机构与生涯规划师的职责

家庭教育指导机构和生涯规划师需要携手家长和学校，共筑健康教育的堡垒，帮助个体提升生命意识、提升面对危机的处理能力、提升基本运动能力。同时，家庭教育辅导机构需要同社区和学校合作，提供辅导家长和教师的课程，辅以咨询服务和检测报告。生涯规划师则需要承担教学、辅导和研究的基本任务。

（四）艺术素养能力发展规划

1.概念界定及重要性阐释

朱立元在《美学大辞典》中提道，"艺术素养"是"人对艺术的感受、体验、评价和能动创造的能力"[1]。艺术素养包括对艺术理论、艺术史知识的掌握，对艺术创造、艺术鉴赏、艺术发展规律的理解，以及对艺术的感受力、想象力、判断力、理解力、创造力等。

艺术素养是审美修养和美学修养的主要内容。艺术素养直接制约着艺术鉴赏的敏锐性和深邃性，且与艺术创造的真实性、典型性、感染性以及个性特征有密切联系。马克思认为，如果一个人想得到艺术的享受，他本身就必须是一个有艺术修养的人，"对于没有音乐感的耳朵说来，最美的音乐也毫无意义，不是对象"[2]。

2.国家政策的支持

2014年，《教育部关于推进学校艺术教育发展的若干意见》指出："艺术教育对于立德树人具有独特而重要的作用。学校艺术教育是实施美育的最主要的途径和内容。艺术教育能够培养学生感受美、表现美、鉴赏美、创造美的能力，引领学生树立正确的审美观念，陶冶高尚的道德情操，培养深厚的民族情感，激发想象力和创新意识，促进学生的全面发展和健康

---

[1]　朱立元.美学大辞典[M].上海：上海辞书出版社，2010：723.

[2]　中共中央马克思恩格斯列宁斯大林著作编译局.马克思恩格斯全集：第42卷[M].北京：人民出版社，1979：126.

成长。落实立德树人的根本任务，实现改进美育教学，提高学生审美和人文素养的目标，学校艺术教育承担着重要的使命和责任，必须充分发挥自身应有的作用和功能。"[1]

2015年，《国务院办公厅关于全面加强和改进学校美育工作的意见》提出："美育是审美教育，也是情操教育和心灵教育，不仅能提升人的审美素养，还能潜移默化地影响人的情感、趣味、气质、胸襟，激励人的精神，温润人的心灵。美育与德育、智育、体育相辅相成、相互促进。""把培育和践行社会主义核心价值观融入学校美育全过程，根植中华优秀传统文化深厚土壤，汲取人类文明优秀成果，引领学生树立正确的审美观念、陶冶高尚的道德情操、培育深厚的民族情感、激发想象力和创新意识、拥有开阔的眼光和宽广的胸怀，培养造就德智体美全面发展的社会主义建设者和接班人。"[2]

2020年，中共中央办公厅、国务院办公厅《关于全面加强和改进新时代学校美育工作的意见》指出："美是纯洁道德、丰富精神的重要源泉。美育是审美教育、情操教育、心灵教育，也是丰富想象力和培养创新意识的教育，能提升审美素养、陶冶情操、温润心灵、激发创新创造活力。""以习近平新时代中国特色社会主义思想为指导，全面贯彻党的教育方针，坚持社会主义办学方向，以立德树人为根本，以社会主义核心价值观为引领，以提高学生审美和人文素养为目标，弘扬中华美育精神，

---

［1］ 教育部.教育部关于推进学校艺术教育发展的若干意见［Z］.2014-01-10.

［2］ 国务院办公厅.国务院办公厅关于全面加强和改进学校美育工作的意见［Z］.2015-09-15.

以美育人、以美化人、以美培元，把美育纳入各级各类学校人才培养全过程，贯穿学校教育各学段，培养德智体美劳全面发展的社会主义建设者和接班人。"[1]

3. 艺术素养能力发展规划

（1）幼儿期（0～3岁）

该阶段致力培养幼儿的基本艺术素养，使幼儿初步具备感受美、表现美、鉴赏美、创造美的意识、知识和技能，遵循幼儿身心发展规律，通过开展丰富多样的活动，培养幼儿拥有美好、善良的心灵，懂得珍惜美好事物，能用自己的方式去表现美、创造美，使幼儿快乐生活、健康成长。

（2）儿童期（3～12岁）

该阶段致力提升儿童的基本艺术素养，使儿童提升感受美、表现美、鉴赏美、创造美的意识、知识和技能。该阶段注重激发学生的艺术兴趣，向学生传授必备的基础知识与技能，发展学生的艺术想象力和创新意识，帮助学生形成一两项艺术特长和爱好，培养学生形成健康向上的审美趣味、审美格调和审美理想。

（3）青春期（12～18岁）

该阶段致力培养青少年进一步完善感受美、表现美、鉴赏美、创造美的意识、知识和技能。具体来说，注重满足学生不同艺术爱好和特长发展的需要，注重课程的多样性和可选择性，丰富学生的审美体验，开阔学生的人文视野；拓展教育教学内容和形式，引导学生完善人格修养，强化学

---

[1]　中共中央办公厅，国务院办公厅. 关于全面加强和改进新时代学校美育工作的意见［Z］. 2020-10-15.

生的文化主体意识和文化创新意识，增强学生传承弘扬中华优秀文化艺术的责任感和使命感。

（4）成年期（18岁以上）

该阶段致力培养成年期个体形成终身感受美、表现美、鉴赏美、创造美的习惯。具体来说，该阶段拟强化个体的文化主体意识，培养具有崇高审美追求、高尚人格修养的高素质人才。针对职业取向与艺术素养关联性较大的个体，该阶段的培养计划表现为强化其艺术实践，引导完善人格修养，增强文化创新意识。

4. 家庭教育指导机构与生涯规划师的职责

家庭教育指导机构和生涯规划师需要携手家庭和学校，共同培养发展个体的艺术素养，帮助个体提升感受美、表现美、鉴赏美、创造美的意识、知识和技能。同时，家庭教育辅导机构需要同社区和学校合作，提供辅导家长和教师的课程，辅以咨询服务和检测报告。生涯规划师则需要承担教学、辅导和研究的基本任务。

（五）劳动素养能力发展规划

1. 概念界定及重要性阐释

劳动素养通常指劳动认知、劳动态度与劳动能力等方面的综合素质。广义而言，劳动素养包含了劳动价值观；狭义而言，劳动素养指与劳动相关的知识、习惯与能力等。[1] 2020年，教育部印发的《大中小学劳动教

---

[1] 檀传宝. 劳动教育的概念理解——如何认识劳动教育概念的基本内涵与基本特征 [J]. 中国教育学刊，2019（2）：82-84.

育指导纲要（试行）》指出，劳动教育是"发挥劳动的育人功能，对学生进行热爱劳动、热爱劳动人民的教育活动"[1]。

劳动教育主要包括日常生活劳动教育、生产劳动教育和服务性劳动教育三个方面。日常生活劳动教育要求学生立足个人生活事务处理，培养良好的生活习惯和卫生习惯，强化自立自强意识。生产劳动教育要求学生体验工农业生产创造物质财富的过程，增强产品质量意识，体会平凡劳动中的伟大。服务性劳动教育要求学生利用所学知识技能，服务他人和社会，强化社会责任感。

劳动教育是中国特色社会主义教育制度的重要内容，直接决定社会主义建设者和接班人的劳动精神面貌、劳动价值取向和劳动技能水平。同时，劳动教育是国民教育体系的重要内容，也是学生成长的必要途径，具有树德、增智、强体、育美的综合育人价值。

2. 国家政策的支持

2018年9月，习近平总书记在全国教育大会上提出，"要在学生中弘扬劳动精神，教育引导学生崇尚劳动、尊重劳动，懂得劳动最光荣、劳动最崇高、劳动最伟大、劳动最美丽的道理，长大后能够辛勤劳动、诚实劳动、创造性劳动"[2]。

2020年3月，《中共中央　国务院关于全面加强新时代大中小学劳动教育的意见》指出："把劳动教育纳入人才培养全过程，贯通大中小学各学段，贯穿家庭、学校、社会各方面，与德育、智育、体育、美育相融

---

[1]　教育部.大中小学劳动教育指导纲要（试行）[Z].2020-07-07.

[2]　新华社.习近平出席全国教育大会并发表重要讲话.[Z].2018-09-10.

合，紧密结合经济社会发展变化和学生生活实际，积极探索具有中国特色的劳动教育模式，创新体制机制，注重教育实效，实现知行合一，促进学生形成正确的世界观、人生观、价值观。"[1]

2020年7月，教育部在《大中小学劳动教育指导纲要（试行）》（简称《指导纲要》）中提出，要强化学生劳动观念，弘扬勤俭、奋斗、创新、奉献的劳动精神；强调全身心参与，手脑并用，亲历实际的劳动过程；要在充分发挥传统劳动工艺项目育人功能的同时，紧跟科技发展和产业变革，体现时代要求；还要充分发挥学生的主动性、积极性，鼓励创新创造。强调劳动教育途径要注重课内外结合，在开设劳动教育必修课的同时，还要在课外校外活动中安排劳动实践。中小学每周课外活动和家庭生活中的劳动时间，小学1～2年级不少于2小时，其他年级不少于3小时；职业院校和普通高等学校要明确生活中的劳动事项和时间，纳入学生日常管理。《指导纲要》要求学校和教师抓住关键环节，灵活运用讲解说明、淬炼操作、项目实践、反思交流、榜样激励的方法，增强劳动教育效果；开展平时表现评价、学段综合评价和学生劳动素养监测，发挥评价的育人导向和反馈改进功能。要求各地和学校加强劳动教育的组织管理，对劳动教育所需要的师资、场地设施、经费投入等，进行合理规划和统筹安排，为劳动教育的实施创造必要条件；加强研究和指导，为提高劳动教育质量提供必要支撑。[2]

---

[1]　中共中央，国务院．中共中央　国务院关于全面加强新时代大中小学劳动教育的意见［Z］．2020-03-26.

[2]　教育部．大中小学劳动教育指导纲要（试行）［Z］．2020-07-07.

2021年9月，国务院印发《中国儿童发展纲要（2021—2030年）》，明确指出："统筹社会教育各类场地、设施和队伍等资源，丰富校外教育内容和形式，鼓励儿童积极参与科技、文化、体育、艺术、劳动等实践活动，参与日常生活劳动、生产劳动和服务性劳动，帮助学生深入了解国情、社情、民情。增强校外教育公益性。加强校外教育理论研究。""鼓励儿童自主选择、自我管理、自我服务，参与力所能及的家务劳动，培养劳动习惯，提高劳动技能。"[1]

3. 劳动素养能力发展规划

（1）幼儿期（0～3岁）

该阶段主要依靠家庭发挥基础作用，培养幼儿劳动的意识、习惯和技能。围绕劳动意识的启蒙，让幼儿学习日常生活自理，感知劳动乐趣，知道人人都要劳动。

（2）儿童期（3～12岁）

该阶段致力培养儿童日常生活劳动和服务性劳动的意识、习惯和技能。具体来说，该阶段将围绕卫生、劳动习惯养成，让儿童做好个人清洁卫生，主动分担家务；适当鼓励儿童参加校内外公益劳动，学会与他人合作劳动，体会到劳动光荣。

（3）青春期（12～18岁）

该阶段致力培养青少年日常生活劳动、服务性劳动和生产性劳动的意识、习惯和技能。进一步地，该阶段将主要围绕增加劳动知识、技能，强

---

[1]　国务院. 国务院关于印发中国妇女发展纲要和中国儿童发展纲要的通知[Z]. 2021-09-08.

化青少年家务劳动的学习，培养青少年独立生活的能力；通过开展社区服务，引导青少年适当参加生产劳动，初步培养青少年认真负责、吃苦耐劳的品质；丰富青少年校内外的职业体验，开展服务性劳动、生产劳动，使青少年熟练掌握一定劳动技能，理解劳动创造价值，具有劳动自立意识和主动服务他人、服务社会的情怀。

（4）成年期（18岁以上）

该阶段致力培养成年期个体形成终身提升劳动素养的习惯，增强其职业荣誉感，提高职业技能水平，培育精益求精的工匠精神和爱岗敬业的劳动态度；鼓励个体围绕创新创业，结合学科和专业积极参与实习实训、专业服务、社会实践、勤工助学等；促进个体重视新知识、新技术、新工艺、新方法应用，创造性地解决实际问题；帮助个体增强诚实劳动意识，积累职业经验，提升就业创业能力，树立正确择业观，具有到艰苦地区和行业工作的奋斗精神；让他们懂得空谈误国、实干兴邦的深刻道理；注重培育公共服务意识，使个体具有面对重大疫情、灾害等危机主动作为的奉献精神。

4. 家庭教育指导机构与生涯规划师的职责

家庭教育指导机构和生涯规划师需要携手家庭和学校，共同培养个体的劳动素养，帮助个体提升参与日常生活劳动、生产劳动和服务性劳动的意识，获得相关知识与技能，养成劳动习惯。同时，家庭教育辅导机构需要同社区和学校合作，提供辅导家长和教师的课程，辅以咨询服务和检测报告。生涯规划师则需要承担教学、辅导和研究的基本任务。

六、搭建生涯素养冰山模型

（一）素质冰山模型

美国著名心理学家麦克利兰于 1973 年提出了一个著名的素质冰山模型，将个体素质的不同表现形式划分为表面的"冰山以上部分"和深藏的"冰山以下部分"。如今"冰山模型"被广泛应用于企业员工激励、能力评估、情绪管理、全局问题分析等生活情景中。

（二）生涯素养冰山模型

本报告将冰山模型应用于生涯发展过程（见图 7-3），试图对以下三个对比关系进行展示：人在不同成长阶段的外在表现与内在能力的对比关系，人在成长过程中接收的外部因素与内部因素的相互作用关系，人在自我发展中内在与外在动力的相互作用与转化关系。

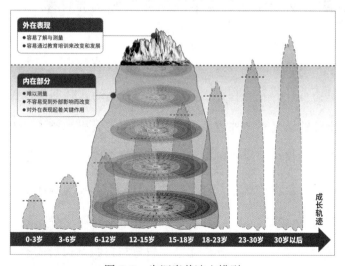

图 7-3　生涯素养冰山模型

我们所观察到的每一个人（包括我们自己的孩子），无论他们处于哪一个年龄阶段，我们直观看到的仅是外在呈现的显性因素，是冰山的一角；而隐藏在海平面以下的部分才是个体内在能力的真实体量，是影响外在表现的关键。因此，有必要激发孩子的内在力量，注重其自驱习惯的养成，并提高其主观能动性。

综观当下，无论是学业阶段的高考体系还是职业阶段的业绩考核体系，在某一时间节点或某一情景下评价个体能力时，目前广泛使用的可呈现、可量化的考核评价指标都无法完整地呈现出个体的全面特征与能力构成。同时，影响这些外在指标的内在因素是个体的内在动力；且内在动力是个体在成长过程中从小养成并建立起来的基础能力，即"生涯素养能力"。冰山模型可以帮助教师、家长和学生更加清楚地了解能力建立、增长和呈现的轨迹，为个体的生涯发展与规划提供具象化的指导与参照。

七、建立基于积极心理学的生涯素养培养体系

生命成长是动态发展的过程，内在动力与外在动力对于个人的生命成长来说是动态变化、相互作用的（见图7-4）。幼儿时期是自我意识的形成时期，个体的眼光是向外的。通常，外部世界会引起孩子兴趣和注意，但他们对自己的内在关注比较少。因此，有必要增加外力助推，帮助孩子建立起外在动力。在孩子进入青春期时，易与他人和周围环境产生强烈碰撞，矛盾冲突也会频繁发生，此时，家长有必要及时引导、适当干预。家长还要注意意识与观念的引导，让家庭教育与自我意识形成紧密联系，帮

助孩子建立起内在动力，并为后续自我意识的正向发展打下坚实基础。

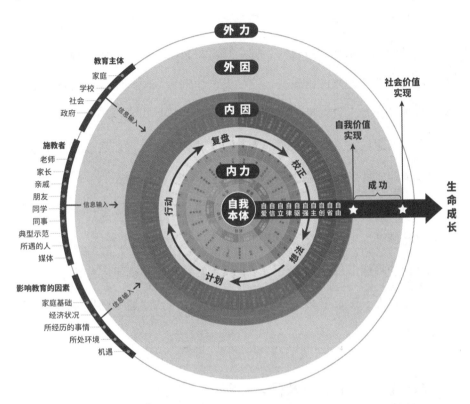

图 7-4　生命成长的力量和因素

0～18岁是建立起孩子内在动力的关键时期。在这一阶段，孩子建立内在动力，成年之后，孩子才有能力面对现实与自我的矛盾，实现内在与外在的融合统一，使生涯发展方向符合自我理想的要求，充分发挥自己的潜能。在这个阶段，可能出现两种截然不同的结果：

一是积极的结果。积极的结果是孩子形成自我同一性。通过完善的自我意识构建和对外部环境的观察、体悟，提升自我认知，达成自身内在动力与外在动力的匹配协调，积极调整自我预期，设置动态的、适合自身生涯发展定位的、切实可行的目标。

二是消极的结果。消极的结果是孩子的自我意识与实际能力不匹配，形成不准确或者歪曲的自我同一性。在这种情况下，应通过积极主动地寻求外部力量的帮助来做出改变，比如参与生涯规划培训、寻求心理咨询师的指导等。此时，只有投入更多的精力、长期坚持内在动力的培养，才能形成正确的思维方式与良好的行为习惯。具体来说，可以从以下三个方面帮助孩子养成良好的自驱习惯：

一是帮助孩子建构其达成目标之后的美好场景，比如坚持运动之后身体变得健康了，穿什么衣服显得比较有气质，使其建立自信。二是帮助孩子分解行动目标，每次完成一点，这样更容易实现，就更容易让孩子有下一步的行动力。三是帮助孩子掌握心理疏导的方法，避免在目标完不成时过分苛求自己。

八、以个体为本，教师与家长协同发力

个体一生当中不可避免地会经历孩子、学生、公民、工作者、家长等角色的转换。0～18岁的成长阶段主要涉及三类关键角色的交集：学生（孩子）、家长（养育者）、教育者。这三类角色之间的自我认知、相互影响，搭建起了协同发力、家校共育的微观和中观系统。

（一）以个体为本的生涯发展规划

生涯规划关注个体一生当中所接受的教育以及职业的选择与发展。

个体在每个阶段都有发展任务，并形成与之相适应的生理、认知和情感特征，同时还需要为下一阶段的生涯任务做准备。

在成长初期，孩子通常是被动接受生涯发展规划的。随着自己意识的建立，孩子应该逐渐主动参与生涯发展规划。当代课程观提出了"以学生为主体"，特别强调个体在学习发展中的重要地位；同时，相关研究肯定了自我导向学习的重要价值。因此，构建生涯发展规划离不开个体的积极参与。

（二）家长在子女生涯规划中的作用

在孩子的成长过程中，家长不仅是养育者，更是陪伴者与教练员，不能仅关注孩子的衣食住行，还应该根据孩子的成长阶段、性格、特长、行动能力、智力等，做好科学养育与成长规划，包括孕前规划、健康成长规划、各学段学习目标规划、学科规划、升学规划、职业发展规划等。

但也需注意，家长虽然是孩子成长过程中重要的陪伴者与教练员，但也不能对孩子的生涯发展规划进行大包大揽，而应在不同的阶段培养孩子相应的生涯发展与规划意识，让孩子主动参与生涯规划。具体来说，在小学阶段，家长应该初步培养孩子参与生涯发展规划的意识；在初、高中阶段，家长要学会逐步放手，培养孩子具备自主规划的能力，但此时家长也不应完全放手，可以做孩子的教练员，在关键节点给予指导、激励与纠偏。

家长指导孩子进行生涯规划时应注意以下几点：

第一，自我认知。帮助孩子了解自己的性格、兴趣、能力以及价值观，对自己有一个全面而客观的认识，必要时借助科学的测评工具，如：性格探究可以参照 MBTI 职业性格测试，兴趣探究可以采用国际惯用的霍兰德职业兴趣测试，能力探究可采用加德纳的多元智能测评。

第二，环境分析。对自己的家庭环境，包括家庭关系、家族人员的职业领域进行分析，对孩子所在的学校能为孩子提供哪些拓展与实践的机会进行了解。

第三，明确目标。在基于自我评估和外部环境分析的基础上，家长和孩子一同制定长远的职业规划目标。在这个过程中，孩子会逐渐形成对未来职业方向与领域的兴趣，可根据他未来的职业方向所需要的专业技能来倒推他的专业方向，再根据专业方向的选择，综合孩子的学业水平情况，挑选合适的大学。

（三）教师在学生生涯规划中的作用

目前，各学段的教师在学校里的主要任务是传授理论知识与带领动手实践。在从生涯发展的视角挖掘孩子的特质与潜力、根据孩子的特长给予有效的指导与有意识的培养方面，教师的工作有待进一步加强。这反映了以下不足：一方面，学校缺乏此类课程体系设计；另一方面，教师缺乏此方面的能力培训。这不利于实现因材施教和个性化培养。

具体来说，教师在日常教学实践中，可以指导学生学会自我分析，引导学生正确认识自己，在分析中发现自己的优势和弱势，充分挖掘自身潜能，发挥自己的强项，发展个人兴趣与特长，找到自信，树立"成功者"的心态，从而帮助学生制定最有利于自己发展的生涯规划。

九、推动融会贯通的生涯教育体系与学科专业建设

（一）生涯教育应该贯穿生命各个阶段始终

生涯教育应该贯穿生命各个阶段始终。目前每个阶段的生涯教育已经专业化，但全生命周期视野的整体设计与规划有待提升。

（二）普职融通视域下职业启蒙送课入校案例

北京市东城区中小学职业启蒙教育提供了一个比较好的、面向儿童青少年的、融会贯通的生涯发展规划课程体系。该职业启蒙教育课程基于青少年学院课程功能研究、青少年学院课程结构研究、东城区职业体验课程开发研究等系列理论研究和以往的理论研究成果，根据儿童和青少年不同发展阶段的认知特点，参考国内外先进的职业启蒙教育经验，进行创新研究与实践，构建了职业启蒙教育课程三层八类结构的理论模型，如图7-5所示。

图 7-5　东城区职业启蒙教育课程结构模型

北京市东城区职业启蒙教育课程的教学分小学、初中和高中三个层次开展，立足于北京市职业教育的定位，确立了职业启蒙课程的八大主题（如表 7-1、表 7-2 所示）。

表 7-1　层次递进的职业启蒙教育课程目标

层次递进的职业启蒙教育课程目标	
阶　段	目　标
小学阶段	知道世界上有不同种类的职业
	能够在体验的基础上说出某一职业的典型职业活动
	能够模仿感兴趣职业的职业活动
	认同每个职业都值得尊重
初中阶段	能够简单分析某一职业的职业要求
	能够在体验中判断出自己的职业兴趣
	能够根据职业要求进行客观的自我评价
	能够根据职业理想思考如何培养自己的相关能力
高中阶段	能够主动分析自己感兴趣的职业的发展动态
	能够在多种职业体验中探索自己的职业价值需求
	根据职业理想明确其职业发展路径

表 7-2　东城区重点发展产业与职业教育专业设置所属专业类别对照表

东城区重点发展产业与职业教育专业设置所属专业类别对照表		
序　号	东城区重点发展 五大产业	东城区职业教育专业 设置所属专业类别
1	文化创意产业	文化艺术类
2	商业服务业、金融业、信息服务业	财经商贸类
		信息技术类
3	旅游业	旅游服务类
		农林牧渔类
		交通运输类
4	中医药产业、低碳服务业和体育产业	医药卫生类
5	房地产和居民服务业	公共管理与服务类

该职业启蒙教育课程自实施以来，应用效果良好，成果丰硕（如图7-6所示），改善了区域职业启蒙教育的样态，促进了职业启蒙教育的开展。5年来，北京市东城区开发并设置职业启蒙课程300多门，参与相关课程的学生数量逐年增加，覆盖了东城区8个学区56所中小学校。

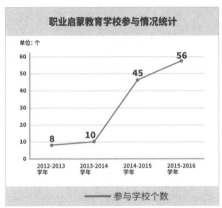

图 7-6　北京市东城区职业启蒙教育课程开展情况

职业启蒙课程为学生搭建起了解社会的桥梁，提升了他们的职业认知水平，还建设了职业启蒙教师队伍，提升了教师的职业启蒙教学能力，形成了专业性更强的教师团队。

十、系统培养生涯素养专业人才队伍

（一）生涯素养能力测评师

生涯素养能力测评师的职责与临床医师类似，需要有针对性地了解个体的具体"症状"。因此，生涯素养能力测评师可利用相关量表工具对个体的五元能力发展程度进行诊断，并根据个体发展状况和家庭需求开出

"药方"，提供发展建议。

根据咨询对象的年龄特征，生涯素养能力测评师可以分为幼儿期（0～3岁）生涯素养能力测评师、儿童期（3～12岁）生涯素养能力测评师、青春期（12～18岁）生涯素养能力测评师和成年期（18岁以上）生涯素养能力测评师。

生涯素养能力测评师通过与咨询者及相关人员交流，了解被测评者的性格特点、能力特点、外在条件、家庭背景、社会关系、经济条件等对其个人发展产生影响的各类因素，力求深入、全面、客观地了解被测评者的情况。在此基础上，测评师运用自己的教育学、心理学等相关专业知识以及测评工具来诊断被测评者当下所面临的局面，进行人生发展前景与风险预测，提供解决方案。

（二）生涯素养发展辅导师

生涯素养发展辅导师是具有陪伴性、指导性的生涯规划从业者。他们将根据个体的咨询报告、发展程度诊断报告开展个性化的生涯素养能力发展辅导。生涯素养辅导师在工作过程中，需要以五元能力发展为抓手，着力培养个体的自主性、创造力、批判性等，力求实现个体能够自发自主地进行生涯规划的目标。

根据辅导对象的年龄特征，生涯素养发展辅导师可以分为幼儿期（0～3岁）生涯素养发展辅导师、儿童期（3～12岁）生涯素养发展辅导师、青春期（12～18岁）生涯素养发展辅导师和成年期（18岁以上）生涯素养发展辅导师。

生涯素养发展辅导师根据辅导对象的自身禀赋及社会需求，审时度势，制定适合个人的生涯素养提升路径、计划与方法，为辅导对象最大限度地实现个人价值、人生理想奠定基础。

（三）生涯素养规划指导师

生涯素养规划指导师是师者之师，是生涯发展教育体系的专家。现如今，职业发展愈发专业化，确保一个职业的专业性需要从人力资源培养、资格审查、绩效评估等多个角度进行，而这些便是生涯素养规划指导师的职责所在。

生涯素养规划指导师需要负责生涯素养能力咨询师与生涯素养发展辅导师的相关课程教授、资格审查与绩效评估。作为一个专业，想要常绿常青，需要不断钻研、不断更新。因此，生涯素养规划指导师还需要负责咨询报告开发、诊断量表编制、理论体系更新与构建、专业教育效果评估等工作。

教育的本质和功能就是让"人成为人",并成为"他自己想成为的人"。教育以"人的生命"为起点,以"成为我自己"为目标。在教育过程中,人由"未完善"逐渐趋向"完善",进而追寻美好生活。生涯教育和家庭教育共成长,旨在在遵循规律、尊重实际、正视差异和适性发展的基础上,更精准、适当地指导和帮助孩子"成为他自己"。

一、研究讨论

生涯教育不是一个短暂的行为,而是一个通过对外部动态环境的评估,以及对性格、兴趣等内在因素的分析,为人生的每个阶段找到成长航线的长期性、持续性的过程。唯有预先规划、预先干预,个体才更容易实现人生价值,收获更高质量的人生。在开展生涯教育和家庭教育的过程中,我们要充分发挥家长、学校、社会和互联网的作用与力量。

(一)夯实家长的基础作用

家长是孩子生涯规划的启蒙老师,对孩子的生涯规划具有重要影响。家长富于智慧地选择带领孩子进行生涯规划,使孩子有计划地走好每一步,孩子的成长之路便会走得从容而坚定。如果家长具有生涯规划相关知识、具备一定的生涯规划经验，那么孩子在成长路径上的努力与积累往往也会更加有效，其潜力也将更有机会得到发挥，未来的职业发展之路也将更加顺畅。目前，很多父母更加关心孩子的成绩和升学，还没有形成生涯规划方面的意识。不少学生毕业后不知如何选择自己的职业之路，这与家长缺乏生涯规划意识直接相关。因此，应该强化对家长的教育关注，注重提升家长的生涯规划指导能力，帮助家长获得诊断、建议、示范与指导的能力，让家长成为孩子生涯规划的"引路人"。

（二）发挥学校的主导作用

在成长过程中，孩子对生命的认知、价值的认同，孩子的生涯规划意识等，首先是在家庭教育中建立起来的。然而，随着孩子年龄的增长，学校逐渐在其生涯规划的指导与教育方面发挥主导作用。教师应当引导学生确立起正确可行的各阶段生涯发展目标，与家长一起帮助学生找到适当的生涯发展路径，并了解其关键节点。

但需要强调的是，学校只是起到"导"的作用，真正起决定性作用的还是家长与学生。因此，学校应帮助家长与学生提升生涯规划意识、掌握规划方法、提升规划能力。

（三）筑牢社会的支持作用

社会机构在下一代的成长发展与生涯规划中也起着至关重要的支持作用。随着科技发展、产业升级，以及企业用人需求的变化，国家对新一代人才也提出了新的要求。第四次产业革命已然悄悄改变着社会中的各行各业，渗透生产生活的各个环节。对这一系列的变革感知最深刻、最直接、最准确的，是那些在社会经济建设与发展中走在前沿的企业与机构。它们能够更准确、更真实、更直接地传递出产业资讯，为家长与学生提供最前沿的视野和最直接的实践机会。

（四）增强互联网的辅助作用

随着科技创新与时代发展，互联网对下一代的成长发展与生涯规划所起到的辅助作用也不可小觑。需要注意的是，互联网是一把双刃剑。一方面，互联网时代具有信息爆炸、交流速度极快的特点，使孩子的生活变得更加丰富和便利、交流的环境更加自由、眼界更加宽阔。但另一方面，网络使用不当，则易使孩子沉迷其中，疏远现实生活中的家人、老师、同学。不仅如此，孩子在成长过程中，其辨别是非的能力尚处于不断发展的状态，容易受到互联网中一些负面信息的影响，也很难抵御网络游戏的诱惑。因此，家长应当注意引导孩子恰当使用互联网，摒弃糟粕，做孩子互联网使用的"净化器"，最大限度地保障互联网对孩子成长发展与生涯规划的辅助作用。

二、研究反思

本报告立足基础教育，紧扣基础教育阶段中生涯教育和家庭教育的热点问题，旨在对当前我国生涯教育和家庭教育共成长问题进行精准掌握和深度诠释。但本报告的呈现、解读和诠释尚有不足，研究尚有一定的局限性，具体表现如下：

研究资料的收集与研究问题的要求之间存在着契合性不强和衔接性不紧密的状况，研究结论与研究问题之间的前后呼应还不够强烈，提出的优化策略和探索路径在操作性和适用性方面还有较大提升空间。本报告存在的局限或不足，将会给我们开展后续研究提供强劲动力。

三、研究展望

为深入贯彻落实党和国家对新时代生涯教育和家庭教育的决策部署，积极回应社会各界对生涯教育和家庭教育的殷切期盼，接下来我们将开展以下工作：①加快构建服务全人发展的生涯教育和家庭教育共成长育人体系；②扩大研究合作单位主体层级和调研区域范围；③优化《2022中国生涯教育和家庭教育共成长年度报告》框架结构；④深度挖掘国际生涯教育和家庭教育发展经验对我国的借鉴价值。

任何研究都是基于解决问题的，研究成果要用来指导和服务实践。今后，我们将进一步加强与国家级教育智库、高等学校等机构的交流与合作，促进我国生涯教育和家庭教育的质量评价体系、行业规范标准等的进一步完善，打破生涯教育和家庭教育发展的瓶颈，推动生涯教育和家庭教育的规范化、科学化、标准化和常态化。

回首是为了更好地前行。近年来，在党和政府的高度重视和积极推动下，我国生涯教育和家庭教育进入了新的发展阶段，也迎来了发展的重大机遇。我们将始终以习近平新时代中国特色社会主义思想，尤其是习近平

总书记关于教育的重要论述为指导，扎实开展理论研究和实践探索，推动
我国生涯教育和家庭教育工作再上新台阶，为深入推进人才强国等重大战
略部署、实现社会主义现代化和中华民族伟大复兴做出更大贡献。

主要参考文献

中文文献

奥西普，菲茨杰拉德，2010. 生涯发展理论［M］. 4 版 . 顾雪英，姜飞月，等译 . 上海：上海教育出版社 .

北京市东城区教育科学研究院，2017. 东城区职普融通课程建设研究报告——东城区义务教育阶段职业体验课程开发的研究与实践［R］.

本书编写组，2020.《中共中央关于制定国民经济和社会发展第十四个五年规划和二〇三五年远景目标的建议》辅导读本［M］. 北京：人民出版社 .

陈建文，2010. 健康人格教育的理论透视［J］. 高等教育研究（3）.

邓璐，2017. 生涯规划教育文献研究综述［J］. 中小学心理健康教育（32）.

第十三届全国人民代表大会常务委员会，2021. 中华人民共和国家庭教育促进法［Z］.

杜威，2001. 民主主义与教育［M］. 王承绪，译 . 北京：人民教育出版社 .

冯嘉慧，2019. 美国生涯指导理论范式研究［D］. 上海：华东师范大学 .

付瑛，周谊，2004. 教育研究方法中定性研究与定量研究的比较 [J].
医学教育探索（2）.

龚兴英，2020. 普通高中推进职业生涯规划教育的背景、问题与策
略——以部分省（市、自治区）政策文件为例 [J]. 教育科学论坛（32）.

顾志跃，1999. 科学教育概论 [M]. 北京：科学出版社.

郭蕾，2018. 家长对青春期初中生的心理关注点及对策 [J]. 中小学
心理健康教育（5）.

国家教育委员会，1997. 国家教委关于印发《关于当前积极推进中小
学实施素质教育的若干意见》的通知 [Z].

国务院，2014. 国务院关于深化考试招生制度改革的实施意见 [Z].

国务院，2015. 国务院关于印发统筹推进世界一流大学和一流学科建
设总体方案的通知 [Z].

国务院，2021. 国务院关于印发全民科学素质行动规划纲要（2021—
2035 年）的通知 [Z].

国务院，2021. 国务院关于印发中国妇女发展纲要和中国儿童发展纲
要的通知 [Z].

国务院，2021. 中国儿童发展纲要（2021—2030 年）[Z].

国务院办公厅，2015. 关于全面加强和改进学校美育工作的意见 [Z].

国务院办公厅，2019. 国务院办公厅关于新时代推进普通高中育人方
式改革的指导意见 [Z].

何珊云，吴玥，陈奕喆，2021. 为了更好的工作还是更好的生活——
美国前 100 名高中生涯教育实践的比较研究 [J]. 比较教育研究（6）.

侯志瑾，梁湘明，2005．Gottfredson 的职业抱负发展理论简介与研究评述［J］．心理科学进展（2）．

胡定荣，2017．学生发展核心素养的发展观及其教学变革［J］．课程·教材·教法（10）．

教育部，2014．教育部关于加强和改进普通高中学生综合素质评价的意见［Z］．

教育部，2014．教育部关于普通高中学业水平考试的实施意见［Z］．

教育部，2014．教育部关于推进学校艺术教育发展的若干意见［Z］．

教育部，2020．大中小学劳动教育指导纲要（试行）［Z］．

教育部，2020．教育部关于在部分高校开展基础学科招生改革试点工作的意见［Z］．

教育部，科技部，财政部，中国科学院，中国社会科学院，中国科协，2018．教育部等六部门关于实施基础学科拔尖学生培养计划 2.0 的意见［Z］．

教育部，2015．教育部关于加强家庭教育工作的指导意见［Z］．

教育部办公厅，2021．教育部办公厅关于加强义务教育学校作业管理的通知［Z］．

金树人，2007．生涯咨询与辅导［M］．北京：高等教育出版社．

朗格朗，1985．终身教育引论［M］．周南照，陈树清，译．北京：中国对外翻译出版公司．

李海涛，2021．"大中小学一体化"职业生涯教育体系构建：价值、困境与路径［J］．中国职业技术教育（36）．

李际霞，2015. 初探幼儿园开展 0～3 岁家庭教育指导的有效措施和途径 [J]. 新课程学习（13）.

李心萍，2021-06-16. 新岗位　新机遇 [N]. 人民日报（16）.

练方钧，2021. 新高考背景下普通高中学业生涯规划教育研究——以温州市泰顺县普通高中为例 [D]. 桂林：广西师范大学.

梁晓鸽，朱益明，2014. 美国高中改革计划与实践案例 [J]. 全球教育展望（3）.

林辉，2013. 人力资源视阈下职业生涯教育探究 [J]. 中国职业技术教育（4）.

刘梦月，2021. 小学家庭教育指导实施现状调查研究——以石家庄市部分小学为例 [D]. 石家庄：河北师范大学.

刘巍，2015. 大学生职业发展规划的重要性探究 [J]. 产业与科技论坛（23）.

刘晓凤，2018. 思想政治教育过程规律对大学生职业生涯规划的指导作用 [J]. 山西青年（6）.

罗双平，2000. 职业生涯阶段划分 [J]. 中国人才（2）.

莫晶，2021. 在家庭教育中开展生涯教育的几点思考 [J]. 中小学心理健康教育（30）.

欧健，邓晓鹏，罗键，赵渊博，2021. 基于综合实践活动的生涯教育的实践探索——以西南大学附属中学校为例 [J]. 教育理论与实践（8）.

潘黎，曹鑫，2021. 澳大利亚生涯教育新动态——"为学生未来而准备"国家生涯教育战略实施 [J]. 比较教育研究（6）.

潘黎，孙莉，2018. 国际生涯教育研究的主题、趋势与特征［J］. 教育研究（11）.

乔爱平，2009. 浅论大学生健康人格的培养［J］. 教育理论与实践（S1）.

乔鑫，2020. 台湾地区普通高中生涯教育对大陆地区的启示研究［J］. 公关世界（10）.

全国妇联，教育部，2020. 全国妇联、教育部关于印发《家长家庭教育基本行为规范》的通知［Z］.

全国妇联，教育部，中央文明办，民政部，文化部，国家卫生计生委，国家新闻出版广电总局，中国科协，中国关工委，2016. 关于指导推进家庭教育的五年规划（2016—2020 年）［Z］.

全国妇联，教育部，中央文明办，民政部，文化和旅游部，国家卫生健康委员会，国家广播电视总局，中国科学技术协会，中国关心下一代工作委员会，2019. 全国家庭教育指导大纲（修订）［Z］.

鄯爱红，2022-02-07. 光大中华民族家教文化［N］. 光明日报（15）.

上海市教育委员会，2018. 上海市教育委员会关于加强中小学生涯教育的指导意见［Z］.

宋广文，王云强，2001. 关于弗洛伊德与皮亚杰心理发展观的比较分析［J］. 心理学探新（4）.

孙昌龄，1987. 青年心理健康顾问［M］. 北京：中国青年出版社.

孙宏艳，2013. 国外中小学职业生涯规划教育：经验与启示［J］. 中小学管理（8）.

孙宏艳，2013. 我国职业生涯规划教育应端口前移——基于中美日韩高中生职业生涯规划教育的研究［J］. 教育科学研究（8）.

檀传宝，2019. 劳动教育的概念理解——如何认识劳动教育概念的基本内涵与基本特征［J］. 中国教育学刊（2）.

屠莉娅，吕梦园，2021. 芬兰普通高中职业生涯教育的经验及其启示［J］. 陕西教育（综合版）（11）.

王海东，2007. 美国当代成人学习理论述评［J］. 中国成人教育（1）.

王敬杰，2021-03-23. 新职业涌现，职教如何精准应对［N］. 中国教育报（5）.

王珺燕，姚金兰，林梅，2016. 妊娠期妇女产前家庭护理指导［J］. 科技资讯（21）.

王琳，2013. 家庭教育中职业生涯规划缺失的现状与改进［J］. 中小学心理健康教育（19）.

王琦，2006. 大学生职业生涯辅导模式的研究［D］. 天津：天津大学.

王永祥，马忠，2019. 新时代家庭教育要赢在起点上［EB/OL］.（2019-01-14）. https：//theory. gmw. cn/2019-01/14/content_32345596. htm.

王治东，2020. 统筹推进大中小学思政课一体化建设的三个维度［J］. 中国高等教育（1）.

韦钰，2015. 0～3岁孩子家庭教育八大关键点［M］. 桂林：广西师范大学出版社.

吴晓雄，刘敬芝，2017. 职业生涯规划教育对大学生自我发展作用的研究——以某"211工程"大学为例［J］. 西南交通大学学报（社会科学版）（4）.

吴雨薇，2017. 论原生家庭对个体发展的影响——从家庭系统理论出发［J］. 泉州师范学院学报（3）.

夏晓鸥，2017. 积极心理学视域下高中生涯教育的课程设计——以江阴市第一中学为例［D］. 南京：南京师范大学.

肖夏，2012. 高中生生涯发展现状及生涯教育对策的研究［D］. 长春：东北师范大学.

许少月，王争艳，2017. 婴儿期外显问题行为的发生与表现及成因分析［J］. 心理科学进展（11）.

薛蓉艳，2013. 大学生个人发展规划研究［D］. 荆州：长江大学.

杨聚鹏，2016. 教育政策执行的内涵、本质及特点研究［J］. 教育理论与实践（28）.

叶慎花，2018. 如何应对青春期的孩子——基于家庭的视角［J］. 中小学心理健康教育（10）.

尹雪鸿，蒋豪，2013. 大学生职业生涯规划的路径探析［J］. 宿州教育学院学报（3）.

张春兴，1988. 知之历程与教之历程：认知心理学的发展及其在教育上的应用［J］. 教育心理学报（21）.

张晶，弋媛，2021. 高校体验式生涯教育的理论基础与实践路径［J］. 济南职业学院学报（6）.

张俊，吴重涵，王梅雾，刘莎莎，2019. 面向实践的家校合作指导理论——交叠影响域理论综述［J］. 教育学术月刊（5）.

张琳，2020. 青春期孩子的心理特点及家庭教育［J］. 当代家庭教育（26）.

张新平，1999. 简论教育政策的本质、特点及功能［J］. 江西教育科研（1）.

张新平，褚宏启，2012. 教育管理学通论［M］. 北京：高等教育出版社.

张沂琳，2021. 新技术时代学校职业生涯教育的因应策略研究［J］. 职教通讯（6）.

张宇，王乃弋，2021. 德国开展职业生涯教育的经验及其对我国的启示［J］. 中小学心理健康教育（19）.

张振铭，李霞，2016. 地方本科院校大学生职业发展规划的方法与途径［J］. 林区教学（10）.

张志学，1990. 家庭系统理论的发展与现状［J］. 心理学探新（1）.

赵忠心，2001. 家庭教育学：教育子女的科学与艺术［M］. 北京：人民教育出版社.

郑新立，1991. 现代政策研究全书［M］. 北京：中国经济出版社.

智课教育家长成长研究院，2018. 中国家长教育焦虑指数调查报告［EB/OL］. https：//www. docin. com/p-2140723401. html&dpage=1&key=%E7%84%A6%E8%99%91%E6%80%8E%E4%B9%88%E6%B2%BB&isPay=-1&toflash=0&toImg=0.

中共中央，国务院，2010. 国家中长期教育改革和发展规划纲要（2010—2020 年）［Z］.

中共中央，国务院，2016. "健康中国 2030" 规划纲要［Z］.

中共中央，国务院，2017. 中长期青年发展规划（2016—2025 年）［Z］.

中共中央，国务院，2019. 中共中央　国务院关于深化教育教学改革全面提高义务教育质量的意见［Z］.

中共中央办公厅，国务院办公厅，2020. 关于全面加强和改进新时代学校体育工作的意见［Z］.

中共中央，国务院，2020. 中共中央　国务院关于全面加强新时代大中小学劳动教育的意见［Z］.

中共中央，国务院，2020. 深化新时代教育评价改革总体方案［Z］.

中共中央办公厅，国务院办公厅，2020. 关于全面加强和改进新时代学校美育工作的意见［Z］.

中共中央办公厅，国务院办公厅，2021. 关于进一步减轻义务教育阶段学生作业负担和校外培训负担的意见［Z］.

中共中央办公厅，国务院办公厅，2021. 关于推动现代职业教育高质量发展的意见［Z］.

中共中央马克思恩格斯列宁斯大林著作编译局，1979. 马克思恩格斯全集（第 42 卷）［M］. 北京：人民出版社.

中共中央宣传部，中央文明办，中共中央纪委机关，中共中央组织部，国家监察委员会，教育部，全国妇联，2021.《关于进一步加强家庭家教家风建设的实施意见》［Z］.

中国社会科学院，2020. 全面推进生涯教育发展［R/OL］.［2020-12-01］. http://www.cssn.cn/zx/bwyc/201902/t20190227_4838847.shtml.

周念丽，陈锦荣，2014. 0～1岁婴儿社会行为异常的早期发现与干预［J］．中国计划生育学杂志（5）．

周念丽，屈慧欣，2014. 0～1岁婴儿发展性运动障碍的早期发现与干预［J］．中国计划生育学杂志（2）．

周念丽，俞洁，2014. 0～1岁婴儿注意异常的早期发现与干预［J］．中国计划生育学杂志（1）．

周羽全，2011. 我国台湾地区中小学生涯教育研究［D］．上海：上海师范大学．

朱益明，2015. 论我国高中生涯教育与指导的原则立场［J］．基础教育（5）．

外文文献

ABKHEZR P，MCMAHON M，2017. Narrative career counselling for people with refugee backgrounds［J］．International journal for the advancement of counselling（2）．

ANDREWS D，2011. Careers education in schools：the history of the development of careers education in schools and a critical examination of policy，practice and possibilities for its future［M］．Staffordshire：HighFlyers.

Australian Government Department of Education，Skills and Employment，2019. Future ready：a student focused national career education strategy ［EB/OL］. （2019-02-11） ［2021-02-24］. https：// www. dese. gov. au/download/4498/future-ready-student-focused-national-careereducation-strategy/6683/document/pdf.

EPSTEIN J L, 1995. School/family/community partnerships：caring for the children we share ［J］. Phi Delta Kappan （9）.

FORUM A Y P, 2009. Infusing career and technical education into high school reform：lessons from California ［C］. Issue Brief.

GALLAGHER P A, RHODES C A, DALING S M, 2004. Parents as professionals in early intervention：a parent educator model ［J］. Topics in early childhood special education （1）.

GARCIA P, RESTUBOG S, BORDIA P, et al. , 2015. Career optimism：the roles of contextual support and career decision-making self-efficacy ［J］. Journal of vocational behavior （6）.

HOYT K B, 1982. Federal and state participation in career education：past, present and future[J]. Journal of career development(1).

JOYCE S, 2019. Strengthening skills：expert review of Australia's vocational education and training system ［R］. Canberra：Department of the Prime Minister and Cabinet.

LAM M, SANTOS A, 2017. The impact of a college career intervention program on career decision-making self-efficacy, career indecision and decision-making difficulties ［J］. Journal of career assessment （3）.

MICHAEL E. DeBakey High School for Health Professions, 2021. Home ［EB/OL］. ［2021-11-05］. https：//www. houstonisd. org/

DeBakeyHS.

NEWELL E, 2014. Career counseling in urban public schools is critical today [J]. Techniques: connecting education & careers (1).

KAPATEPE O M, OLUGBADE O A, 2017. The effects of work social support and career adaptability on career satisfaction and turnover intentions [J]. Journal of management & organization (3).

SAVICKAS M L, 2005. The theory and practice of career construction [M] //BROWN S D, LENT R W. Career Development and Counseling: Putting Theory and Research to Work. New York: Johns Wiley & Sons, Inc.

SUPER D E, 1953. A theory of vocational development [J]. Theory & practice of vocational guidance (5).

TANNA S, 2008. How careers management skills developed of reading [D]. Reading: University of Reading.

The National Careers Institute, 2020. National Careers Institute Partnership Grants Program [EB/OL]. (2020-03-30) [2021-02-24]. https://www. dese. gov. au/nci/announcements/national-careers-institute-partnership-grants-program.

后记

生涯教育和家庭教育不是一个新的话题。鉴于教育应该按照教育规律和个体身心发展规律来进行，为引导学校、家庭和社会不仅仅关注孩子的智力教育，提升社会各界对生涯教育与家庭教育的重视程度，我们在本报告中深入思考了生涯教育和家庭教育共成长的问题。

在本报告出版之际，我们谨向科学指导和大力支持报告编写工作的各位领导、专家和老师表示由衷的感谢。诚挚感谢史枫、许玉乾、杜巍、郑克强、刘振、李宇红、张志鹏、段艳红、崔楚民、彭阳平、谢春风等领导和专家对本报告的悉心指导。各位领导和专家提出了宝贵意见和建议，帮助编写组确定了报告的写作思路与框架结构，同时确保了报告的基本观点和论据的准确性。各位领导和专家反复阅读书稿并提出修改意见，使研究工作和报告撰写在正确的道路上持续前进。

本报告由北京家校共育教育科技研究院组织编写。尽管 2021 年新冠肺炎疫情形势严峻，但大家攻坚克难、砥砺实干，依然按照原定研究步骤和编撰计划，有序开展项目研究和文稿撰写工作。在主编孙诚博士、王彬宸女士，副主编付凯、李迎，编写组赵二莉、蔡添和臧宁等老师的共同努力下，报告如期顺利完成。对他们的辛苦付出，在此表示特别感谢。

由于我国生涯教育和家庭教育涉及面广、内容复杂，本报告难免有疏漏之处，希望社会各界前辈和同仁批评指正。

北京家校共育教育科技研究院

2022 年 2 月 28 日